國語文閱讀素養

① 連續性文本
閱讀實力大躍進

搭配
12年國教課綱
語文領域

第一線國中國文教師群
吳昌諭、林季儒、施錦瑢、黃淑卿、蔡思怡——編著

認識「連續性文本」閱讀技巧

文／吳昌諭

2022年底，ChatGPT橫空問世，各家AI如雨後春筍出現，開啟了全球AI元年。在這個資訊爆炸的AI時代，意味著學術疆域的崩解、文化跨界的衝擊。閱讀素養不再只是一項應試的基本技能，更是我們理解世界、交流思想的重要橋梁。

秉持十二年國教108課綱精神，《國語文閱讀素養》以「閱讀素養」為核心，多元的選文，希望透過文本的引導，培養孩子的閱讀素養與興趣；同時藉由符應PISA閱讀及國中教育會考素養題型設計，將學科知識與生活情境結合，讓孩子從中深耕訊息擷取、整合歸納、批判省思的閱讀技巧。

最後，再從文本走入生活，建構思辨與解決問題的能力，落實閱讀素養在生活中的應用與實踐，成為有溫度的閱讀人。

「連續性文本」特色

世界經濟論壇（WEF）的《2025未來工作報告》指出：未來人才十大核心能力，第一重要就是分析與思考的能力。無論是學校的課程學習，還是日常生活中的資訊獲取，閱讀理解能力都直接影響了孩子分析思考與表達的能力。但現今各類數位媒體及短影音當道的時代，碎片化的閱讀已嚴重影響孩子資訊判讀、理解的能力，而平時透過「連續性文本」的閱讀，將有助我們理解推論，提升分析與思考的能力。

「連續性文本」是我們日常生活中最常接觸的一種文章形式，從新聞報導、散文、小說，以至學術文章到日常的電子郵件都是。因為連續性文本的特色是具有敘述邏輯性，還有脈絡發展的結構，有助於培育孩子的閱讀能力。

連續性文本的閱讀重點不僅在於理解單一、片面的資訊，更在於掌握其結構、邏輯發展，以及探究作者的寫作意圖。

　　本書選用的多角度連續性文本，正是針對這些閱讀理解的核心能力進行深入探討與實踐設計，透過文章結構的掌握，提升整體閱讀能力，並能掌握關鍵訊息，理解文章的語境與詞彙，推論出作者隱藏的意涵，進而進行批判思考與表達。此外，針對不同學習階段的孩子，本書也設計了多元化的練習內容，確保每位讀者都能找到適合自己的學習步調。

本書使用重點

■ 連續性文本閱讀：

　　跨越白話、文言，多樣化的文本選材，涵蓋 108 課綱核心素養 19 大議題，與聯合國永續發展目標 SDGs，透過豐富的文本擴大孩子閱讀的廣度與深度。

■ 挑戰閱讀王：

　　每篇文章後皆有「挑戰閱讀王」試題設計，符應 PISA 提問層次為命題核心設計，混合多元形式，奠定孩子閱讀學習基礎，建構孩子有邏輯的閱讀知識系譜。

■ 關鍵向度短文習寫：

　　強調閱讀與生活之間的連結，透過關鍵向度短文練習，或是實際情境題的運用，引導孩子將閱讀內容與自身經驗連結，促進知識的內化與表達能力的提升。

■ 延伸知識：

　　知識的疆界廣闊無垠，透過「延伸知識」的解釋，補充閱讀上的理解背景知識，為孩子搭建豐富的知識鷹架。

■ 參考資料：

　　閱讀沒有量變，就不可能產生質變為理解力。透過專家推薦延伸閱讀，讓孩子可以接觸到不同類型的文本，拓展思辨視角的深度與廣度。

學習永遠不嫌晚

未來學大師艾文‧托佛勒（Alvin Toffler）曾說：「21 世紀的文盲不再是那些無法讀寫的人，而是那些無法學習、不願學習，和不重新學習的人。」

在這個資訊爆炸的時代，閱讀理解能力無疑是孩子未來學習與溝通的重要基礎。本書結合理論與實踐，兼顧深度與趣味性，不僅幫助孩子掌握連續性文本的閱讀技巧，更提供了一套可以終身受用的學習方法與思維工具。

期盼透過本書的引導，孩子們能具備閱讀書本的理解能力，也能培養同理心與思辨力，更能擴展視野，進而體驗閱讀天地的遼闊無垠。

【導讀】認識「連續性文本」閱讀技巧／吳昌諭————003

第 1 部

自我精進與規劃創新　核心素養面向①：自主行動

- 01　談競爭力之前，先想想你到底在跟誰競爭？／吳昌諭選文出題　010
- 02　不要讓恐懼成為行動的理由／吳昌諭選文出題　016
- 03　STOP 情緒緩和法／林季儒選文出題　021
- 04　義無反顧的決定／施錦瑢選文出題　027
- 05　魏明帝遊洛水／施錦瑢選文出題　031

第 2 部

溝通表達與科技藝術　核心素養面向②：溝通互動

- 06　TED 演說教我的事／施錦瑢選文出題　038
- 07　從資訊到智慧：素養修煉的三層次／蔡思怡撰文出題　045
- 08　正午牡丹／黃淑卿選文出題　051
- 09　【雙文對讀】析字的人文與科學論證／蔡思怡選文出題　057

目錄 CONTENTS

第 3 部

道德實踐與公民意識　核心素養面向③：社會參與

- ⑩ 你與臺灣黑熊故事的開始／林季儒選文出題　064
- ⑪ 把療癒的光，照進偏鄉角落／黃淑卿選文出題　070
- ⑫ 我有一個夢想／黃淑卿選文出題　076
- ⑬【雙文對讀】人在江湖的第一堂少年公民課／林季儒選文出題　082
- ⑭【雙文對讀】旁觀者的正義／林季儒選文出題　091
- ⑮【雙文對讀】柳下季存國／吳昌諭選文出題　098

第 4 部

人際合作與多元文化　核心素養面向③：社會參與

- ⑯ 非行少年的共通點／蔡思怡選文出題　104
- ⑰ 來自西方的日本味／蔡思怡選文出題　109
- ⑱ 吉古拉：色香味意形兼具／施錦瑢選文出題　114
- ⑲ 彰化肉圓的祕境／吳昌諭選文出題　119
- ⑳ 朝聖者／黃淑卿選文出題　124

給力推薦　　130

第 1 部

自我精進與規劃創新

核心素養面向①
自主行動

01 談競爭力之前，先想想你到底在跟誰競爭？

選文出題／吳昌諭

「你知道你在跟誰競爭嗎？」我們得到了三個答案：
1. 我在跟「自己」競爭，
2. 我在跟「未來」競爭，
3. 我在跟「大家」競爭。

我是在跟自己競爭嗎？

我又不是自己的敵人，為什麼要跟自己競爭呢？我們都說要成為「更好的自己」，但是為什麼要成為更好的自己？是因為真正的我不夠好，所以我應該透過競爭，成為一個假的自己嗎？

「十年前的我跟現在的我，是不是同一個人？」我問一位高三生。原本他說十年前的自己是一個「陌生人」，但是我問他八歲的那一年，有沒有發生什麼改變了人生的事，他想了想以後說：「有，我開始去補英文。」

「然後呢？」我繼續追問。

「英文進步很快，得到誇獎，我開始對其他科目也產生興趣，成績開始從墊底變好，就這樣一路進步到現在。」

「所以十年前的你，做了一些什麼之後，變成了現在的你。」我說，「現在的你，是不是決定做些什麼，就會變成十年後的你呢？」

既然我們一直都是同一個人，那麼人是在跟「自己」競爭這個假設，是不符合邏輯的。

我在跟未來競爭嗎？

接下來，檢查一下我們在跟「未來」競爭這個說法。未來一定是敵人嗎？還是未來可能是一個朋友，站在我們這一邊？

是誰告訴我們未來是敵人？

「那些恐懼未來的人。」學生說。

「什麼樣的人，會恐懼未來？」我問。

答案很簡單：看不懂未來的人。簡稱「大人」。很多大人看不懂未來，所以不知道 YouTuber、直播主、電競選手當然也是一份真正的工作。如果連這些工作為什麼是職業都無法理解的人，真的看得懂未來嗎？我們應該聽從他們對於未來的建議嗎？

現在就是過去的未來，不是嗎？現在有很可怕嗎？如果現在一點都不可怕，那麼未來為什麼會可怕呢？更何況，未來還沒有發生，一個頭腦清楚的人會說自己現在正在跟一個根本不存在的事物競爭嗎？

我在跟大家競爭嗎？

「人為什麼會覺得自己在跟全世界對抗？」我問。

我們共同找到了兩個最重要的原因：猜忌別人，以及害怕自己輸給別人。

應試教育下的學生，就像從小被訓練的賽馬，會被戴上眼罩。賽馬用的眼罩英語叫做「Blinder」，顧名思義，就是故意蒙蔽馬的視野。由於馬的眼睛長在頭部的兩側，馬匹的視野相對寬廣，除了正後方之外，幾乎沒有盲區，正常的賽馬就像一個好奇的孩子，會關注發生在身邊所有的事物。但在賽事中為了讓賽馬跑出更好的表現，希望賽馬只將注意力集中在前方，所以便以眼罩遮蔽了他原本可視的範圍，於是馬匹的視野就不自然的變窄、變小。

換句話說，賽馬的眼裡根本沒有「大家」，而應試教育下的我們，只是被迫一直在跟自己的好勝心、懦弱、自卑和貪婪對抗。

就像哲學討論中常說的：門外沒有別人，只有你自己。你不用跟誰競爭，不

用跟自己競爭，也不用跟未來競爭，更沒有所謂的「大家」在跟你競爭。

我衷心祝福每一個視野被故意遮蔽的受苦心靈，能更在思考以後，苦悶變少一點，世界變大一點，多一點自在，朋友也變多一點——至少自己要當陪伴自己一輩子，從過去、現在，到未來的摯友。

（節錄自：褚士瑩《不知道自己以後要做什麼的請舉手》P.101-107，遠流出版）

挑戰閱讀王

1. 下列選項文句中，何者最符合本文中關於「未來」的看法？
   (A) 當我們能看到未來，我們才會有未來
   (B) 未來會如何，取決於你現在如何去過
   (C) 未來不可怕，可怕的是我們對它的無知和恐懼
   (D) 追上未來，抓住它的本質，把未來轉變為現在

2. 作者在文本中提到，從小被訓練的賽馬，會戴上「眼罩」。關於這裡所提到的「眼罩」一詞，下列何者最接近背後所隱藏的意涵？
   (A) 視野被人遮蔽
   (B) 選擇遭受限制
   (C) 生長得到保護
   (D) 行動受到約束

3. 作者最後引用了「門外沒有別人，只有你自己。」這句話，主要是想表達什麼觀點？
   (A) 外界並沒有真正的對手和敵人
   (B) 自我競爭才是最終獲勝的關鍵
   (C) 人生挫折都來自內心的恐懼和偏執
   (D) 克服內心的障礙比戰勝外界更重要

4. 根據本文所述，下列何者不是作者認為我們不必跟「誰」競爭的主要原因？

（A）我們一直都是同一個人，無須與自己競爭
（B）未來都還沒有發生，現在哪有什麼好怕的
（C）競爭只會帶來內耗、猜忌和自卑等負面情緒
（D）所謂「大家」，只是我們自己內在矛盾的投射

答案：1.(C) 2.(B) 3.(D) 4.(C)

關鍵向度短文

　　生活中競爭無處不在，從學校的成績排名、職場的升遷，到國際間的經濟與科技競爭，都深刻影響著個人與社會的發展。有人認為競爭是進步的動力，能夠激勵人們超越自我、追求卓越；但也有人認為過度競爭可能導致焦慮、壓力，甚至傷害彼此人際關係。

　　競爭究竟是推動進步的催化劑，還是加深壓力的來源？請你以生活中所看到的競爭現象為主題（如：比賽、考試……），選擇支持或反對的一方，寫下你贊成或反對的理由，並寫出你的理由、舉例，完成下列表格寫作。

主題	
立場	□贊成＿＿＿＿＿＿＿　　□反對＿＿＿＿＿＿＿

	因為……	因為……
理由		
例子	1. _____ 2. _____	1. _____ 2. _____

結論	

延伸知識

競爭力
個人、企業或國家在特定領域中相較於其他對手的優勢和能力。

挫折容忍力
指的是個人在面對失敗、困難或挑戰時,能夠保持穩定的心態適應壓力,並從困境中學習與成長的能力。這種能力讓人能夠接受不如意的結果,並在挫折中保持恆心和積極的態度,而不是輕易放棄或感到絕望,對個人發展、職場競爭力及心理健康都至關重要。

參考資料

- 褚士瑩《給自己10樣人生禮物:成就動詞型的生命地圖就在這10個關鍵》,大田出版
- 長倉顯太《28歲決定你的人生:為了享受之後的日子所該做的24件事》(郭子菱 譯),遠流出版
- 比約恩・納提科・林德布勞、卡洛琳・班克勒、納維德・莫迪里《我可能錯了:森林智者的最後一堂人生課》(郭騰堅 譯),先覺出版

02 不要讓恐懼成為行動的理由

選文出題／吳昌諭

過去幾年裡，你曾因疫情而害怕嗎？

恐懼，是我當時面對疫情時，最常冒出來的表情。而我盡量找其他臉色包裝它，如焦慮、煩躁，甚至一點點的憤怒，來掩飾色彩更為強烈的恐懼。

如果當時假裝歡樂，或一點都不在意，我想是不可能的。要不騙自己，不然就是騙別人。

我想要真誠點，所以想來說說恐懼。

恐懼與害怕、擔憂不太一樣，害怕可能是直接迎面而來的危險，擔憂則是某件未來確定會發生的事。恐懼是帶著隨機性的不安感，像是腳上的地板會被抽走，但不知道什麼時候發生。

這是我認為的恐懼。

身邊如果有情緒化、可能突然暴怒的對象，會讓人恐懼；這樣的對象在辦公室裡的話，人就會開始不想上班，那微微的恐懼感會使人退卻。

社會環境如果讓人感覺不安穩，那我們就會開始害怕生活，每天起床也不知道該不該努力，夢想還要不要追求。

恐懼的人無法思考太遠的事，只能想著當下，過好今天就好，因為不知道什麼時候會被恐懼吞噬。

在疫情剛開始那一陣子，每天都有人問我，不緊張嗎？不害怕嗎？不恐懼嗎？

答案都是會，當然緊張害怕又恐懼啊！只是我選擇表現出另一面而已，且我認為恐懼應該是自己的事，並不希望將恐懼散播給他人。

因為人們一恐懼就容易喪失判斷力，進而容易被導引行為。說「喝醋、吃蒜、打坐能增強抵抗力，讓人百毒不侵」，都會被相信。然而恐懼不該是武器，也不該是商品。

我們無法阻止別人散播恐懼，但可以讓自己避免被恐懼利用。

如果看見自己的恐懼，應該感到開心。這代表發現自己真正在乎的是什麼，從而專注當下該做的事。

如果看見別人的恐懼，可以給他一點溫暖。他可能害怕到無法控制自己，只好任恐懼溢散。

如果看見販售恐懼的人，建議小心這樣的人。他們大多不是關心世界或是悲天憫人，而是認為我們可能會因此而聽命於他，受他管控。連恐懼都可以販售，那他們已經無所畏懼，也不在乎我們是否受傷。

如果因擔心自己的事業、工作、生活、目標與夢想受影響而恐懼，這樣的恐懼是正常的，也是應該的。但如果擔心的是有人說某某地方很可怕、某某行為有風險等，那就不必理會。因為那樣的恐懼，大多與我們無關。

難道不用聽聽別人的狀況嗎？不用知道外界的狀況嗎？

當然要，但不用知道恐懼，只要知道事實就好。

這是我面對的方式，我只要知道我現在該做什麼，做好自己可以準備的事，不去購買別人的恐懼。每個人都收好自己的恐懼，那市場上賣恐懼的人就會面臨滯銷。當我們都管理好自己，整個環境就會變好了。

明知道你怕蟑螂，卻還是喜歡拿假蟑螂嚇你的人，他不是想與你玩或想訓練你面對蟑螂的勇氣，而是不在乎你的感受。

明知道你怕暗，卻總是喜歡關你的燈，聽你尖叫的聲音，他不是想與你互動，而是不在乎你的恐懼與心情。

我們總有恐懼，所以我們會努力、會小心，為的是讓自己擁有面對恐懼的能力。恐懼也終會過去，我們終會習慣很多事，要相信自己的適應力。但不要讓恐懼期間所做的事，成為自己未來會後悔的事。

不要讓恐懼，成為行動的理由。

不要讓恐懼，成為不得已的理由。

你永遠有選擇，永遠有不靠傷害別人也能面對恐懼的選擇。

愈混亂的時刻，愈要相信自己。你過往的堅持，不會在這一刻，被恐懼打倒。

你做得到。

（節錄自：林育聖《那些努力的事，就該成為故事》P.114-118，遠流出版）

挑 戰 閱 讀 王

1. 根據文章，下列哪一選項最符合作者對「恐懼」的定義？

    （A）一種帶有隨機不安感的情緒狀態

    （B）是害怕面對未來可能發生的事情

    （C）是焦慮、煩躁與憤怒情緒的集合

    （D）是人類面對危險時有的自然反應

2. 下列哪一句話，最符合本文作者所想表達的核心觀點？

    （A）做你所恐懼的事，你就能夠克服恐懼

    （B）恐懼並不可怕，它的另一面就是自由

    （C）我們應當關注事實真相，而非被恐懼主導

    （D）勇氣並非無懼，而是對抗恐懼，戰勝恐懼

3. 社群媒體上看到一則貼文說：「某食品含有大量毒素，可能導致重大健康問題，千萬不要再吃！」依據本文的觀點，怎麼處理才是比較正確的？

    （A）不用理會這貼文，反正應該不是真的

    （B）立刻轉發給親朋好友，避免他人受害

    （C）快去超市購買其他替代品，減少風險

    （D）先冷靜下來，多方查證消息的真實性

4. 根據本文，下列何者不是作者建議我們面對恐懼的方法？
   （A）專注在對自己真正重要的事情
   （B）盡量避免接觸任何恐懼的事物
   （C）採取行動給予彼此溫暖和關懷
   （D）相信自己具備適應恐懼的能力

答案：1.（A）2.（C）3.（D）4.（B）

● ● ● ● ● ● ● ● ● ● 關鍵向度短文 ● ● ● ● ● ● ● ● ● ●

　　每個人都有過恐懼的經驗，或許是害怕黑暗、害怕失敗、害怕被嘲笑，甚至害怕未知的未來。恐懼有時讓人卻步，但有時恐懼也可能成為我們前進的動力。請你運用以下幾個關鍵詞做為思考或應用的出發點，試著回想你曾經感受到的恐懼時刻，你當下是什麼樣的情緒表現與反應？後來是如何克服或調適？請分享你的經驗或想法。

　　關鍵詞：情緒反應、心態調適、採取行動、解決方法、感想反思

延伸知識

恐懼（fear）

是對感知或識別危險或威脅的一種強烈不愉快的情緒。恐懼會導致生理變化，可能會產生行為反應，例如做出攻擊性反應或試圖逃離威脅。

參考資料

- 歐陽立中《人生沒有理所當然：沒有「應該要」，只有「你想要」！練就跳脫框架、突破自我設限的全方位思考方式》，幸福文化
- 枡野俊明《別對每件事都有反應：淡泊一點也無妨，活出快意人生的99個禪練習！》（黃薇嬪 譯），悅知文化
- 恩斯特弗利德・哈尼許、艾娃・溫德爾《躲在蚊子後面的大象：那些隱藏在生活小事背後的深層情緒》（不言 譯），平安文化
- 大平信孝《一本書終結你的拖延症【漫畫版】：透過「小行動」打開大腦的行動開關，懶人也能變身「行動派」的37個科學方法》（河村万理 繪；林于楟 譯），遠流出版

03 STOP 情緒緩和法

選文出題／林季儒

　　情緒調節必須仰賴日常生活中的練習，這樣的練習能夠幫助自己的大腦慢慢習慣新行動，未來當情緒突然被引發的時候，才有機會將平時的練習派上用場，擺脫過往情緒化的慣性反應而採取更適合當下的行動。這也意味著，以前的你被情緒所掌控，而現在的你則有機會成為情緒的主人。而這一種調節情緒的能力，可以藉由練習「STOP 情緒緩和法」來培養。

　　STOP 情緒緩和法包含四個步驟，依序是：暫停動作、留意呼吸、觀察自我、重新行動。這四個步驟可以幫助自己緩和衝動情緒：

一、S（Stop），暫停動作：

　　當你發現自己即將有負面情緒浮現，你只需提醒自己一件最重要的事：停！就是現在，什麼都不要做。「什麼都不做」就是你當下唯一要做的事情。不需要思考「做什麼比較好」或「如何才能解決問題」，這些都不是大腦在衝動當下能勝任的事。

　　停下來，就是你唯一要做的事；不讓事情變得更糟，就是當下的第一步。要一個人停止當下衝動的慣性動作，就好像是要疾駛中的火車突然剎車一樣，很費力，也很不舒服。所以接下來我們不是急著解決問題，而是先照顧自己的身心狀態。

二、T（Take a breath），留意呼吸：

　　呼吸是我們這輩子最忠實的老朋友，任何時刻我們都不會忘記把它帶在身邊

（就像此刻的你還有呼吸，對吧？）。可是很多人都忽略了一件事：呼吸其實是調節自律神經系統很重要的工具。規律而緩和的呼吸能夠幫助我們減緩心跳的速度，放鬆緊繃的肌肉。

　　由於你已經處在失控的邊緣，你可以先＿＿＿＿＿＿＿＿（「挑戰閱讀王」第二題）。恭喜你！你很有可能已經成功避免掉一場不必要的衝突了！這真的是一件很不容易的事情！不過，如果你覺得還想再往前跨一步的話，歡迎繼續往下閱讀。

三、O（Observe yourself），觀察自我：

　　同一句話聽在不同人耳裡，會產生截然不同的解讀。我們的情緒不只是因為聽見什麼、遇到什麼，也同時來自於我們如何解讀這些訊息的觀點。這種情緒的來源不是外在，而是我們的內在。情緒是一種重要的信號，提醒我們有某些需求沒有被滿足、某些渴望被忽略，或者有一些聲音沒有被聽見。

　　把焦點放在外界，只能等待他人改變；把焦點放在自己身上，你可以聽見內在的聲音，如此才能掌握你想表達的內容，也才能安頓久久難以消散的負面情緒。想要學習聽見內在的聲音，你可以練習回答三個句子：＿＿＿＿＿＿＿＿（「挑戰閱讀王」第三題）

四、P（Proceed），重新行動：

　　有時候我們會因為重複的失敗而感到挫折，卻忽略了那是因為我們一直採取相同（且無效）的策略，才會導致同樣的結果。冷靜下來並聽懂了內在的渴望之後，我們可以進一步這樣問問自己：

1、我的表達方式，能讓對方理解我嗎？
2、對方能夠理解的表達方式是什麼？
3、過去有效的行動或表達方式是什麼？
4、過去無效的行動或表達方式是什麼？

　　要從衝動的情緒冷靜下來相當不容易，但是藉由這樣的練習減少衝動、避免不必要的衝突卻相當值得。

（節錄自：胡展誥《情緒流動》P.209-218，遠流出版）

挑戰閱讀王

1. 前文中提到「以前的你被情緒所掌控，而現在的你則有機會成為情緒的主人。」請問，如果壞脾氣的小遠想要成為這樣的人，下列哪一項說明最可能是作者的建議？

    （A）在情緒被引發的當下，開始練習 STOP 情緒緩和法是最有效的

    （B）當小遠覺察到自己快要有煩悶、憤怒、不耐煩的情緒時，可以先暫停動作別讓事情變得更糟

    （C）把焦點放在外界，等待他人的改變是自我觀察的重要步驟

    （D）有時候我們的失敗是因為半途而廢才感到挫折，只要重複堅持到底就一定會成功

2. 在第二步驟「T（Take a breath），留意呼吸」中，作者提供了透過觀察呼吸讓身心放鬆的方法，請問以下哪一種步驟最可能符合他的建議順序？請選出適合填入文章中空格的句子。

    （A）把注意力放在鼻孔前緣，關注觀察呼吸的自然發生，就會發現呼吸變得平緩且規律

    （B）把注意力放在鼻孔前緣，發現呼吸變得平緩且規律，再關注觀察呼吸的自然發生

    （C）先發現呼吸平緩且規律，再關注觀察呼吸的自然發生，把注意力放在鼻孔前緣

    （D）先發現呼吸平緩且規律，再把注意力放在鼻孔前緣，關注觀察呼吸的自然發生

3. 在第三步驟「O（Observe yourself），觀察自我」中，作者建議我們可以透過練習以下三個句子聽見自己內在的真正聲音。請以自己最

近最在意的事情，完成以下的句子練習：

（A）因為＿＿＿＿＿＿＿＿＿＿＿＿＿＿＿＿（事情、人物），所以我覺得＿＿＿＿＿＿＿＿＿＿＿＿＿＿＿＿＿＿＿＿＿

（B）在這件事情裡，我最希望被理解的部分是
＿＿＿＿＿＿＿＿＿＿＿＿＿＿＿＿＿＿＿＿＿＿＿＿＿

（C）如果可以，我渴望別人幫助我的是
＿＿＿＿＿＿＿＿＿＿＿＿＿＿＿＿＿＿＿＿＿＿＿＿＿

答案：1.(B) 2.(A)

關鍵向度短文

　　大家都知道 IQ 指的是「智商」，那你知道我們耳熟能詳的「情商」指的是什麼呢？

　　「情商」指的是情緒智慧商數，英文縮寫為 EI 或 EQ，是一種能認識、了解並控制情緒的能力，由美國心理學家彼得‧沙洛維（Dr. Peter Salovey）於 1991 年創立，屬於發展心理學範疇。

　　前文中提到的「STOP 情緒緩和法」可以讓青春期的我們透過循序漸進的內在對話練習，了解情緒的成因與應對的方法，進而避免因為情緒化而造成的無謂衝突。請問，你最想要把「STOP 情緒緩和法」推薦給誰呢？同學？師長？或是父母親？請利用以下關鍵詞串成一封短信，將這個好方法告訴他。

　　關鍵詞：衝突、練習、情緒、緩和、理解

延伸知識

智力商數

簡稱智商（Intelligence Quotient，英文縮寫 IQ）。是一種表示人智力高低的數量指標，最新研究發現智商除了與遺傳有關之外，還與生活環境有密不可分的關係。

多元智能

由美國哈佛大學教授霍華德・迦納（Prof. Howard Gardner）於 1983 年所提出的教育理論。他主張智力應涵蓋多個層面，目前有語言智力、邏輯數理能力、視覺空間能力、體能智力、音樂智力、人際智力、個人內在智力、自然觀察能力與生命智力這九項能力。

逆境商數

是衡量一個人在面對挑戰、應對挫折和克服逆境的能力指標（adversity quotient，AQ），由保羅・史托茲（Paul Stoltz）在 1997 年提出，一般我們認為有高 AQ 的人通常較容易保持樂觀與積極的態度。

參考資料

- 「衛生福利部心理健康司」網站〈讓孩子成為情緒的主人——四步驟學會處理情緒（懶人包）〉
- 「衛生福利部心理健康司」網站動畫「走出情緒的迷宮：練習自我覺察，認識情緒宇宙」
- 張志瑄〈青少年的情緒管理與壓力調適〉，臺大醫院電子報
- 張存真〈國中生愛生氣？孩子，你不是「不可以生氣」，而是要用適當的方式來表達〉，國立臺灣師範大學研究亮點網
- 中華心理衛生協會〈共創兒少韌性新世代〉，「心閱讀」網站

04 義無反顧的決定

選文出題／施錦瑢

大學畢業後，我順利應徵上大學教務處的工作。一畢業就可以錄取這樣的工作簡直是異常幸運；不僅生活穩定、薪水優渥，還有固定年終和三節獎金，根本就是父母心目中最希望孩子從事的夢幻工作。

但我內心又藏著一個蠢蠢欲動的念頭——我想去日本留學。我不時對爸媽釋放出這個訊息。他們當然不贊成，畢竟要放棄待遇好又穩定的工作很可惜。我很了解他們的不捨與擔憂，不過還是默默進行存錢出國與進修日文的準備。

我想，一個人一生中必定曾為自己的人生該何去何從感到困惑，我也不例外。每當夜深人靜，我總是困在徬徨與疑慮中無法自已。周遭的人常說：「我是為了你好，你不要不相信，也要聽聽人家的意見啊！」我雖然不知道正確答案是什麼，也還不知道該怎麼做最好，但我很清楚，別人無法為我的人生負責，當下我只需要停下腳步，思考過去、現在與未來的自己。

我總覺得，內心藏著的夢想若不去實現，總有一天會被那股空虛感壓垮。人生快不快樂不是別人說了算，只有自己選擇的道路，就算走錯了，也會無怨無悔！

於是，我決定放手一搏！第一關就是要先擺平爸媽。

只要在家，我會刻意在客廳播放張惠妹的〈我要快樂〉：「就算把世界給我，我還是一無所有。」我試圖用音樂的影響力來製造情境，讓爸媽覺得他們的女兒不太快樂（笑）。

「你看你女兒啦，聽那什麼歌！」我媽常無奈的對我爸說。

經過多日的強力攻勢和疲勞轟炸，爸媽妥協了。他們從反對、了解、接受到支持我的想法，而我也在心中默默決定，絕對不辜負他們的期望。

（節錄自：劉偉苓《我要成為甜點師》P.23-24，遠流出版）

挑戰閱讀王

1. **根據文章內容，主角的心理歷程可分為哪些階段？（可複選）**
   - （A）接受穩定現狀→受到夢想召喚→內心掙扎→採取行動
   - （B）經歷內心拉扯→決定放棄夢想→在現有生活中尋找成就感
   - （C）受到父母期待影響→內心矛盾→持續準備→找到平衡點
   - （D）持續準備→嘗試說服家人→成功獲得支持→開始追夢

2. **如果將這篇文章與一般成功人士的傳記做比較，主角的行動方式最接近哪一類人的選擇？**
   - （A）史蒂夫・賈伯斯（Steve Jobs），因為他選擇了不同於主流的道路
   - （B）華特・迪士尼（Walt Disney），因為他在困境中仍然堅持創造夢想
   - （C）比爾・蓋茲（Bill Gates），因為他輟學創業並迅速獲得成功
   - （D）馬克・祖克柏（Mark Zuckerberg），因為他靠著科技創業改變世界

3. **文章中，作者提到：「如果不去實現內心的夢想，總有一天會被空虛感壓垮。」這句話傳達了一種對夢想與人生選擇的思考方式。假設你是一位輔導老師，你會如何幫助學生運用這句話來做出符合自身價值與現實條件的生涯規劃？**
   - （A）引導學生分析自身的興趣與能力，並列出短中長期的可行性目標，以降低未來可能的遺憾感
   - （B）鼓勵學生優先選擇社會需求高、收入穩定的職業，以確保未來生活無後顧之憂，即使這些選擇未必符合個人興趣
   - （C）強調追夢過程中可能遇到的挑戰與風險，建議學生放棄高風險夢想，以避免失敗帶來的心理壓力與挫折

（D）指導學生完全遵從家人的期待與社會價值觀，不鼓勵個人探索，以確保做出的決定能獲得周遭認可

答案：1.(A) (C) (D) 2.(A) 3.(A)

關鍵向度短文

　　在文章的最後，作者決定放手一搏，走上追求夢想的道路，並獲得父母的支持。請問主角做這個決定，對在國中階段的你們即將面對會考後高中學校的抉擇，會有那些啟發？請運用底下關鍵詞完成一篇專屬自我追尋夢想、堅定目標的 200-300 字短文。

關鍵詞：夢想、人生、堅持、態度、目標

參考資料

- 吳俊輝、郭彥甫、林萃芬主講，謝元凱整理〈心想事成的力量：無論堅持夢想或中途轉彎，我們都走在想要的那條路上〉，獨立評論網
- 2024兒少大未來問卷調查中學生組〈中學生尋求心靈支持心理師受歡迎〉，《國語日報》
- 「翻轉教育」網站〈夢幻職業為何夢幻？幫助學生成真的三項建議〉

05 魏明帝遊洛水

選文出題／施錦瑢

　　魏明帝遊洛水，水中有白獺數頭，美靜可憐，見人輒去。帝欲見之，終莫能遂。侍中徐景山曰：「獺嗜鯔魚，乃不避死。」畫板作兩生鯔魚，懸置岸上。於是群獺競逐，一時執得，帝甚佳之。曰：「聞卿善畫，何其妙也？」答曰：「臣亦未嘗執筆，然人之所目，可庶幾耳。」

（節錄自：南朝・吳均《續齊諧記》，亦收錄於《太平廣記・鳥蟲水族卷》）

> 1. 輒：往往、就。
> 2. 鯔魚：魚類，頭部闊大，體長而側扁，鱗為櫛狀，背部暗灰色，腹部銀白色。生活於淺海和河口鹹水、淡水交界處，好食泥土。
> 3. 嗜：喜歡、愛好。
> 4. 競：相互爭著。
> 5. 庶幾：相近、差不多。

挑戰閱讀王

1. **魏明帝為什麼無法捕捉到白獺？徐景山又是如何幫助他解決這個問題的？**

    （A）白獺行動敏捷，魏明帝雖嘗試靠近，但總是被白獺發現。徐景山則利用白獺喜愛鯔魚的特性，畫出魚的形狀吸引牠們

    （B）白獺的警覺性非常高，一見到人類就潛入水中。徐景山利用鯔魚的鮮味作為誘餌，吸引白獺主動靠近岸邊

    （C）魏明帝缺乏捕獵工具，無法接近白獺。而徐景山建議魏明帝用網捕捉，最終抓到白獺

    （D）白獺的生存環境隱密，魏明帝看不清牠們的行蹤。徐景山則畫了一幅逼真的洛水圖，引誘白獺現身

2. **徐景山在畫魚的過程中展現了哪些能力？以下哪一項最貼近這段故事的情節？**

    （A）徐景山熟練掌握了高超的繪畫技巧，能畫出極具藝術價值的畫作

    （B）徐景山了解白獺的習性，能根據觀察結果設計出具吸引力的畫作

    （C）徐景山透過對自然的描繪展現了捕捉細節的能力，這也是他畫技的基礎

    （D）徐景山利用畫作吸引魏明帝的注意，讓帝王讚歎他獨特的藝術表達

3. **從故事中可以推測，徐景山的謙虛言辭傳遞了什麼樣的價值觀？以下哪一項最符合他的回應？**

    （A）一個人應該低調做人，不需要炫耀自己的才華

    （B）真正的才能來自對自然的觀察，而不是過分依賴技巧本身

（C）成就應該歸功於機會與運氣，而非自己的努力

（D）人應該用實際行動證明自己，而不是依靠別人的讚美

4. 如果將徐景山的行為延伸到現代生活，你認為他的行為代表了什麼樣的思維方式？請選擇最合適的選項。

（A）創意思維：利用非常規的方法解決問題，打破常規思考模式

（B）批判性思維：針對問題提出多角度分析，並尋找最佳解決方案

（C）實證思維：通過實驗和觀察來驗證假設並進行行動

（D）系統性思維：將問題的各個部分聯繫起來，進行全面的整合

5. 根據故事情節，為什麼魏明帝會對徐景山的畫技讚歎不已？以下哪一項解釋最合理？

（A）徐景山的畫在視覺上充滿衝擊力，使得魏明帝驚歎於其細膩的描繪能力

（B）徐景山的畫作風格獨特，讓魏明帝感受到藝術作品帶來的美感享受

（C）徐景山創造了一種全新的畫法，以高超的技藝突破了當時繪畫的限制

（D）徐景山的畫不僅栩栩如生，還成功吸引白獺靠近，展現了藝術與實用的結合

答案：1.（A）2.（B）3.（B）4.（A）5.（D）

關鍵向度短文

請你以「從魏明帝與徐景山的故事聯想到的智慧」為題，寫一篇 200-300 字的短文，並完成以下要求：

1. **問題的描述**：分享你曾經遇到的一個困難或問題（例如學習上的挑戰、日常生活的小麻煩）。
2. **解決問題的過程**：描述你如何像徐景山一樣，運用觀察或創意來解決這個問題。
3. **心得啟發**：從這次經驗中，你學到了什麼？未來若遇到類似的挑戰，你會如何應對？

寫作題目：＿＿＿＿＿＿＿＿＿＿＿＿＿＿＿＿

短文內容：

延伸知識

白獺

白獺（學名：*Lutra lutra*），又稱歐亞水獺，是一種廣泛分布於歐亞大陸的水棲肉食性哺乳動物。牠們主要棲息於河流、湖泊和溼地等水域環境，對生態系統的健康具有重要指標意義。

1. 外觀特徵：白獺的體型修長，通常具有光滑的毛皮，顏色多為棕色或灰色，腹部則較為淺色。牠們的四肢短小，腳趾間有蹼，適合游泳。

2. 食性：白獺主要以魚類為食，但也會捕食甲殼類、兩棲類及小型哺乳動物。牠們是水域生態系統中的頂級掠食者，對維持生態平衡至關重要。

3. 棲息環境：白獺通常棲息於清澈的淡水環境中，如河流、湖泊和沼澤地。牠們需要良好的水質和豐富的食物來源，並且對棲息地的破壞和汙染非常敏感。這使得白獺成為生態健康的指標物種，能夠反映出水域環境的變化。

4. 文化意義：在許多文化中，白獺被視為水域的象徵，並且在民間故事和傳說中經常出現。牠們的存在不僅對生態系統有益，也對當地社區的文化和旅遊業有正面影響。

（資料來源：農業部林業及自然保育署自然保育網〈歐亞水獺-瀕危動物〉）

參考資料

- 「臺北市立動物園」網站〈我來自金門，臺灣曾經也是我的家─歐亞水獺域內域外保育研究成果〉
- 《科學人》網站〈動物行為〉專頁 https://www.scitw.cc/categories/168

第 2 部

溝通表達與科技藝術

核心素養
面向②
溝通互動

06 TED 演說教我的事

選文出題／施錦瑢

「大聲說出你的願景，才有可能付出行動。」
——TED 超人氣演說家／賽門・西奈克（Simon Sinek）

　　如果有機會登上 TED 這個全球公眾演說平臺，只有十八分鐘說出你的故事，傳遞一個你覺得重要的理念，你會說些什麼？

　　TED 篩選講者很嚴謹，常以「Open Mic」方式進行海選，主辦單位也會親自邀請屬意的專家學者，即便是業界翹楚，當事人仍須提出有說服力的主題，經過核心團隊表決通過，才會正式定案。

　　收到邀請當然開心，但很快的，惶恐焦慮、自我懷疑也隨之而來。我開始回顧人生，把生命中發生過的事件想了一遍。「主持」和「教學」是我最熟悉的公眾演說方式，但要提煉出某個觀點，分享對大眾有意義、有「普世價值」的內容，還要讓現場一千五百位不認識我的中國觀眾「保持清醒」、聽完有啟發，實在頗有難度。

　　說也奇妙，自從 TEDxSuzhou 策展人請我提供講題，連續好幾天，我心裡反覆浮現「言語的溫柔力量，是送給世界最美的禮物」這句話。似乎是時機到了，人生經歷的一切，醞釀已久的價值觀，終於匯聚成泉，從心深處汩汩湧現。

　　我當起自己的心理師，繼續往內在探索。我憶起幾段戀情走到終點，對方說出口的刺冷言語；也想起許多朋友常與我分享在職場及生活中如何被他人的話所傷，因而懷疑自己的價值。言者或許無心，甚至早已遠離我們的生活，但那些言語卻化為一縷幽魂，盤踞在心中久久不散。

　　我深信人類之所以發展出複雜的口語表達能力，一定有幫助人類生存的意義，

不小心讓言語成為傷人的武器，絕非大多數人的初衷。因此，我決定把握這難得的機會，聊聊「言語溫柔」的重要性。

這麼「抽象飄渺」的主題被接納，像獲得天上掉下來的禮物。主持人本性又來了，「我很好奇，在那麼多候選人中，最後決定選我的關鍵點是什麼呢？」會這麼問，是因為二〇一六年冬天我剛主持完 TEDxSuzhouWomen 女性大會，相隔短短幾個月又成為 TEDxSuzhou 年度大會講者，似乎沒有前例，於是我請教該屆聯合策展人之一、也是大會分配給我的演講教練 Vivian。

「TED 需要對社會有正能量、有啟發性的話題，同時，要是觀眾願意去聽的內容，而且聽完之後，觀眾要能夠記住些什麼。很多演講主題都很好，比方奈米技術、人工智能，但如果講得很枯燥，觀眾都在雲裡霧裡，摸不著頭緒，那就太可惜了。」她細心為我解惑。

她繼續解釋：「的確，我們從來沒有這樣的前例，但當初妳跟我們討論演講內容時，每個故事都好動人，舉了很多例子都有達到這些要求，甚至還提出科學研究支持妳的論點，因此我們決定破例邀請妳。」

站上 TEDx 舞臺只是平凡人生的曇花一瞬，後來我常想起自己在 TEDx 所講的這句話：「所有時光都不會重來，所以讓我們好好珍惜彼此在這一刻相處的心意。」

珍惜自己與他人相處，也珍惜自己體驗人生的寶貴經驗，無論是否滿意自己的表現，別忘記給自己掌聲。

許多國家城市都有舉辦 TEDx 活動，如果你有「利益眾生」的新發現、價值觀，可以幫助世界更好，很鼓勵你勇敢站在舞臺發聲，擴大言語的影響力。如果靈光還沒出現，或還沒有機會登上 TED 舞臺，無礙於你與他人分享觀點、知識，和熱愛的信仰。請回到「為何而做」的「意圖」，在生活中繼續實踐自我堅信的價值，並隨著自己的成長、世界的變化，進行調整修正，任何時刻，每個人都可以用言語的力量，點亮更多人的夢想與希望。

（節錄自：潘月琪《質感說話課》P.201-207，遠流出版）

挑戰閱讀王

1. 「TED 演說家賽門・西奈克提到,『大聲說出你的願景,才有可能付出行動。』這句話強調了言語的力量。」這段文字提到的核心觀點是什麼?根據文本,這段話主要傳達的是哪個概念?

    (A)言語能夠激發人們的行動力
    (B)演講技巧比內容更重要
    (C)只有有名的人才能登上 TED 舞臺
    (D)演說需要提供具體的數據和研究

2. 文中提到「言語的溫柔力量」能夠帶來正向影響。假如你是一名記者,面對某位名人因網路言論批評而退出社交平臺的事件,你會怎麼寫一段勸導讀者理性發言的文字?

    (A)「網路是自由的空間,只要我們懂得為自己的言語負責就好。」
    (B)「言論自由就是說自己想說的,別太在意別人感受。」
    (C)「只要我們不認識對方,說什麼都無所謂。」
    (D)「言語的力量可以建造橋梁,也可以摧毀心靈,請善用它。」

3. 文章中提到,當你擁有一個強烈的信念時,無論是在 TED 舞臺上或是在日常生活中,都應該勇敢的發聲。這段敘述所傳達的訊息是什麼?

    (A)只有特殊的人擁有身分地位時才能發聲
    (B)勇於表達自己的信念對於個人成長非常重要
    (C)發表演講應該只關心聽眾的反應
    (D)只有在學術界發表成果時才應該發聲

4. 文中提到，言語可能無意中成為傷人的武器。假如最近某校園發生霸凌事件，你是一位老師，下列哪種表達最能安撫受害者並引導他重建自信？

（A）「你需要變得更堅強，才能面對這種情況。」
（B）「不要太在意他們說的話，試著忘記就好。」
（C）「你是值得被尊重的，不要因為他人的言語質疑自己。」
（D）「這是成長過程的一部分，未來會更好。」

5. 演講者回憶起自己曾經因他人言語受傷，並將這些經歷轉化為對「言語溫柔」的重要性進行分享。這樣的分享讓觀眾能夠感同身受。這段敘述主要強調了什麼情感層面的價值？

（A）講者透過情感共鳴的方式與觀眾建立聯繫
（B）提供嚴格的科學數據來說服觀眾
（C）展現講者的學術成就與地位
（D）主要表達對於未來的憂慮與不安

答案：1.（A）2.（D）3.（B）4.（C）5.（A）

關鍵向度短文

　　文章鼓勵讀者即使無法登上 TED 舞臺，也可以在生活中實踐自己的價值觀。假如你想提升身邊人的幸福感，並帶給周遭的人們溫暖的感受，請設計一段日常對話，運用作者所提到的「言語溫柔」的正面力量來傳遞正向的影響力。

對話重點方向：
1. 關懷與理解：先傾聽對方的困擾，不急著否定他的感受。

2. 肯定對方的努力：讓對方知道，他的付出是值得被看見的。
3. 提供實際的幫助：不只是安慰，而是給予具體的行動方案。
4. 建立正向信念：強調學習是自己的旅程，不需要跟別人比較，讓對方重拾信心。

情境：
你的同學小傑最近在學校感到壓力很大，因為他數學考試成績不理想，老師無法接受他的成績表現，時常責罵他，連父母也認為他不夠認真用心，這讓小傑覺得自己怎麼努力都趕不上其他同學，心情相當低落，更不想上課學習了。

你與小傑的對話內容：

_____

_____

_____

_____

_____

_____

_____

延伸知識

TED 的起源與發展

TED（Technology, Entertainment, Design）創立於 1984 年，最初專注於科技、娛樂與設計領域。隨時間推進，TED 主題擴展至科學、人文、

教育、環境等多元領域。2006年起，TED將演講影片上傳網路，推動知識與思想交流。

TED的特色

1. 簡潔性：TED演講限時18分鐘，促使講者精煉重點，提升吸引力與易懂性。
2. 多元主題：涵蓋科技、心理學、社會議題、藝術等，激發觀眾思考與創意。
3. 全球影響力：TED演講翻譯成多種語言，透過線上平臺廣為流傳，成為重要的知識分享管道。

TED的影響與延伸

TED不僅是演講平臺，更是交流想法的社群。其口號「傳播值得分享的理念」促進全球思想交流，推動創新與改變。TEDx計畫讓各地社群可舉辦TED風格演講，推廣創新精神；TED-Ed則提供了教育資源，拓展學習機會。

參考資料

- 周震宇《周震宇的聲音魅力學：聽懂弦外之音、用對聲音裡的9種力量》，天下文化出版
- 童小言〈學會「說話的藝術」是影響一輩子的關鍵！會說話是能力，但懂得不說話才是更高的智慧〉，未來親子學習平臺
- 〈說話不是天賦，而是可改善的技巧！向TED學溝通的技術〉，《經理人月刊》2017年7月號封面故事
- 克里斯・安德森《TED TALKS 說話的力量：你可以用言語來改變自己，也改變世界 TED唯一官方版演講指南》（李芳齡 譯），大塊文化出版

07 從資訊到智慧：素養修煉的三層次

撰文出題／蔡思怡

　　當今國內各項大考，無論是學測、統測或國中教育會考，原則上希望藉由作答試題的過程及結果，確定考生是否具有「素養」。根據國家教育研究院提出的定義，「素養」是指：一個人為適應現在生活及未來挑戰所應具備的知識、能力與態度，更簡單來說，就是一個人解決生活中遇到問題的能力。

　　生活中會有許多客觀的存在，比方說一塊黑森林巧克力蛋糕、一杯單品手沖咖啡、一份米糕、一碗四神湯……，這些客觀的存在，我們將其界定為「資訊」。張春興的《現代心理學》中，清楚區辨了「感覺」與「知覺」。

　　「感覺」是指對各種外在刺激的生理描述，通常我們會稱之為五感，也就是視、聽、嗅、味、觸等五種感覺，經由上述感官獲得生理的反應並傳達訊息，例如：顏色、大小聲、酸甜苦辣、冷熱等。根據德國哲學家康德的論點，只有人的感覺與被感覺的客觀存在彼此間一致時，人才能覺察到這個客觀的存在。

　　「知覺」則是當人類接受到外在刺激產生感覺後，受到刺激的人「詮釋」感覺的結果，更直接的說，「知覺」是對感覺歷程所提供的訊息加工處理運作的結果，這個結果會使人擁有「知識」，知道自己「看」到什麼，或「聽」到什麼。所以，在擁有感官的「我」與客觀的「資訊」之間，藉由動詞、形容詞的串接，使兩者產生關連性，「資訊」就會變成「知識」。

　　比方說，「一份米糕搭配上一碗四神湯是最美味的臺式套餐」，這就是透過搭配及美味將「資訊」轉換為「知識」。那今天為什麼我們會把這兩個「資訊」串接在一起呢？最簡單的理由，就是出自我們的需求。

然而，擁有很多知識，仍停留在「坐而言」的階段，接著讓我們談談「智慧」。所謂的「智慧」，指的是靈活運用我所擁有的「知識」，按照我們的需求把我們的「知識」組合或替換，而使用「知識」的歷程起於主動，並且經常是一種突然對某些知識運用有了領悟的狀態，像是：我知道米糕這種小吃很好吃、四神湯的香氣濃郁，組合兩個概念後，當我買了一份米糕，我就覺得一定得搭配一碗四神湯才能滿足我的口腹之欲，這就是我對於美食的「智慧」。

簡言之，資訊、知識與智慧，看起來非常雷同，但在概念上其實是從同樣的客觀存在所衍生出的不同面向。

客觀存在的本身是「資訊」，人在感官接收到資訊後，透過大腦的詮釋，所得到的結果是「知識」。而靈活運用知識，主動連結我們所擁有資訊與知識所做出的決定，便是「智慧」。因此，當我們在認識世界並與之互動時，世界本身存在著大量資訊。掌握大量資訊，形成知識固然重要，更重要的是透過我們的思考，透過筆記等形式累積，使知識成為我們的智慧，讓我們具有素養，也就是解決生活中問題的能力，才是學習最根本的意義。

挑戰閱讀王

1. 根據本文的說明，下列句子，何者最貼近「智慧」這個面向？

（A）看到天空有烏雲時，最好帶把傘

（B）今天下午出門時，天空遍布烏雲

（C）若天空遍布烏雲，就有可能下雨

（D）因水分子聚集，使得白雲變烏雲

2. 若將文中提及的概念以簡單的數學符號表示，下列何者正確？

（A）資訊 ＋ 連結 ＝ 知識

（B）知識 － 感受 ＝ 覺察

(C) 資訊 ＋ 知識 ＝ 技巧

(D) 智慧 － 領悟 ＝ 被動

3 若將資訊、知識與智慧以象限表示，下列選項的位置，何者<u>不符合</u>本文對這三個概念的定義？

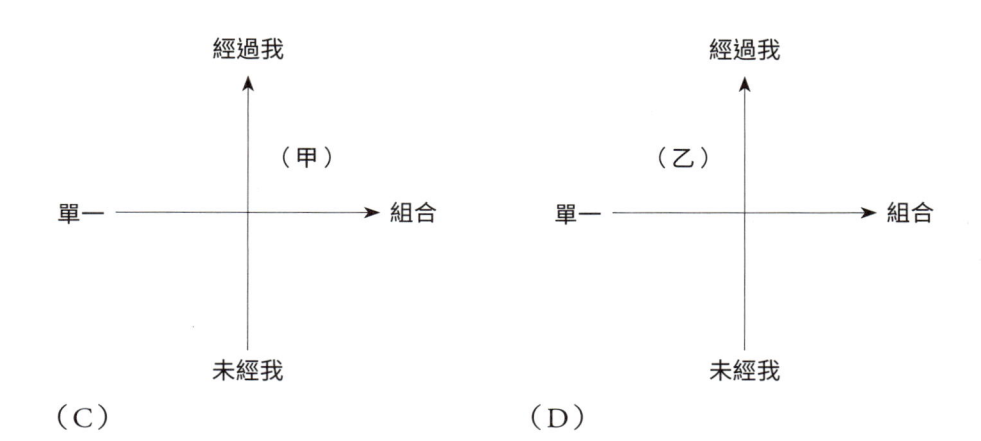

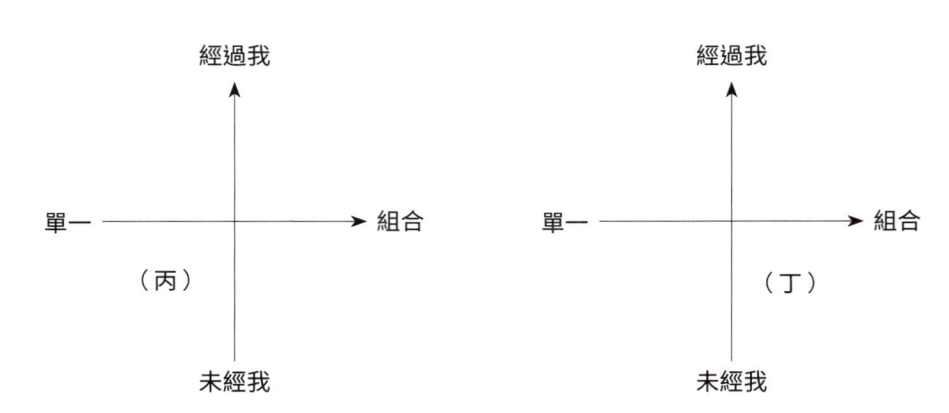

(A)

經過我 ↑
（甲）
單一 ──→ 組合
未經我

(B)

經過我 ↑
（乙）
單一 ──→ 組合
未經我

(C)

經過我 ↑
單一 ──→ 組合
（丙）
未經我

(D)

經過我 ↑
單一 ──→ 組合
（丁）
未經我

答案：1.(A) 2.(A) 3.(D)

關鍵向度短文

本文提出資訊、知識及智慧的不同。請你根據本文對於資訊、知識及智慧的定義，寫出「筆記」這個概念，如何從資訊、知識及智慧等三個面向呈現：

資訊	
知識	

智慧	

延伸知識

康乃爾筆記法

1950年代，美國康乃爾大學的教授華特開發了一套在聽講或閱讀時，記錄資訊的方法，稱為「康乃爾筆記法」。這個方法有一個固定格式：將筆記頁面劃分成「一大兩小」等3個區塊。一大，指的是右邊的「筆記欄」；兩小，分別是左邊的「整理欄」和下方的「摘要欄」。每個區塊的大小並沒有硬性規定，但是筆記欄通常需要大一點的空間。

顧名思義，筆記欄就是快速筆記之處，在聽講或閱讀時隨手記錄的內容就在這個欄位；接著，當你重新瀏覽或細看自己的筆記時，可以用關鍵字或另設標題的方式，寫入「整理欄」，幫助你重新消化一次之前雜亂的筆記內容。

最後，也就是這個筆記法最有價值的地方在於，你可以把自己對筆記的理解或其他聯想，用自己的話寫在「摘要欄」，做為這次筆記的整體歸納。因此，寫入摘要欄的文字已經是自己消化統整後的資訊，對於知識的累積及應用將有很大的助益。

透過預先「留白」，先在筆記頁面空下兩個「整理歸納、延伸思考」的空間，你的筆記將不再只是聽講內容的「抄寫」，更能成為強化思考力的資料庫。

整理欄	筆記欄
摘要欄	

參考資料

- 〈康乃爾筆記法：把筆記本分三塊，思考就會變聰明！〉，《經理人月刊》2016年12月號「特別企劃：邏輯思考筆記術」
- 徐子伶〈如何做筆記？師生必知的筆記方法與技巧，讓學習事半功倍〉，「翻轉教育」網站
- 趙胤丞《高效人生工作法圖解：GTD、子彈筆記、原子習慣、PDCA，重新理解30個生產力實作方法》，PCuSER 電腦人文化
- 詹姆斯·克利爾《原子習慣：細微改變帶來巨大成就的實證法則》（蔡世偉 譯），方智出版
- 外山滋比古《思考整理學：最多東大生、京大生讀過的一本書！》（韋杰岱 譯），究竟出版

08 正午牡丹

選文出題／黃淑卿

　　藏書畫者，多取空名。偶傳為鍾、王、顧、陸之筆，見者爭售，此所謂耳鑒。又有觀畫而以手摸之，相傳以謂色不隱指者為佳畫，此又在耳鑒之下，謂之揣骨聽聲。

　　歐陽公嘗得一古畫牡丹叢，其下有一貓，未知其精粗。丞相正肅吳公，與歐公姻家，一見曰：「此『正午牡丹』也。何以明知？其花披哆而色燥，此日中時花也。貓眼黑睛如線，此正午貓眼也。有帶露花，則房斂而色澤。貓眼早暮則睛圓，日漸中狹長，正午則如一線耳。」此亦善求古人筆意也。

（節錄自：北宋・沈括《夢溪筆談・卷十七》）

---

1. 鍾、王、顧、陸：鍾，三國魏書法家鍾繇。王，東晉書法家王羲之。顧，東晉書畫家顧愷之。陸，南朝宋畫家陸探微。
2. 耳鑒：以聽聞的評價來鑑別。
3. 色不隱指：指畫面上的著色看上去似乎顏料堆積，撫摸卻沒有凸起的感覺。隱指，宋時俗語又稱「隱手」，是指用手摸有凹凸不平感。
4. 揣骨聽聲：揣，摸。本意指盲人占卜者靠手摸揣測人的骨相也聽人的聲音。此指以手摸來鑑別畫作。
5. 披哆而色燥：披哆，音ㄆㄧ ㄔㄜˇ，綻放、綻開。花朵盛開但顏色枯燥黯淡。
6. 房斂而色澤：房，花冠。斂，聚攏、收攏。花冠聚攏而且顏色顯得光澤滋潤。

挑戰閱讀王

1. 由文章可知宋朝已有鑑賞古畫的風氣和方法,而依據文章內容,沈括認為的鑑賞三境界依序由高而低應該為何?

    (A)耳鑒＞揣骨聽聲＞求古人筆意

    (B)耳鑒＝揣骨聽聲＞求古人筆意

    (C)揣骨聽聲＞求古人筆意＞耳鑒

    (D)求古人筆意＞耳鑒＞揣骨聽聲

2. 根據文章內容所述,吳正肅所見的正午牡丹圖,貓與牡丹在圖畫中所呈現的組合應是下列何者?

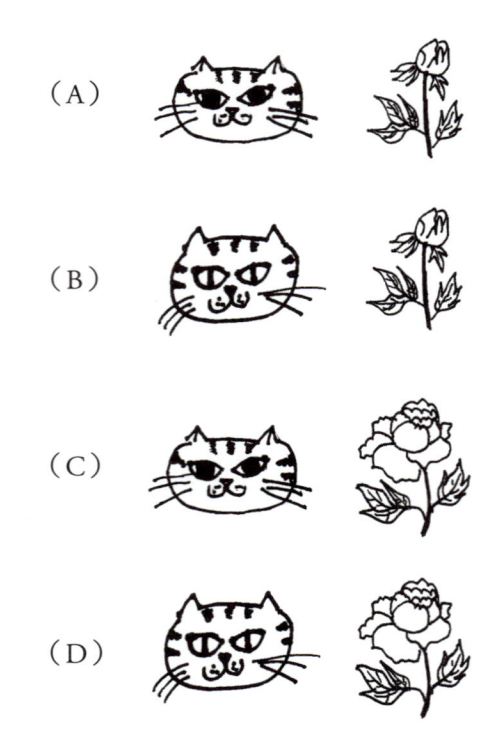

    (A)

    (B)

    (C)

    (D)

3. 依吳正肅的觀察，貓的瞳孔會隨光線的強弱而有變化，北宋蘇軾在《物類相感志》也寫了一首〈貓兒眼知時歌〉：「子午線卯酉圓，寅申巳亥銀杏樣，辰戌丑未側如錢。」說明此現象，但依據吳正肅的觀察，蘇軾這首詩的哪個部分敘述應有誤？

（A）子午線
（B）卯酉圓
（C）寅申巳亥銀杏樣
（D）辰戌丑未側如錢

> 📖 古今時辰對照
> 子時：23點到1點；丑時：1點到3點；寅時：3點到5點；卯時：5點到7點；辰時：7點到9點；巳時：9點到11點；午時：11點到13點；未時：13點到15點；申時：15點到17點；酉時：17點到19點；戌時：19點到21點；亥時：21點到23點。

4. 當你到美術館參訪，面對一幅與文中描述相似的畫作，你該如何運用吳正肅的方法進行鑑賞？

（A）先看畫作是否出自知名畫家之手，再決定是否深入鑑賞
（B）觸摸畫作的表面，感受顏料的質感和畫家作畫時的力道
（C）仔細觀察畫中植物與動物，來推測畫家畫作主題或寓意
（D）先研究各派畫家的藝術風格，再對照實際畫作印證所學

答案：1.(D) 2.(D) 3.(A) 4.(C)

關鍵向度短文

　　吳正肅藉由他的觀察力品鑑出古人作畫的細膩之處，清朝的沈復幼年時也因有觀察力和想像力而時有「物外之趣」。在現實生活中，你是否也有因觀察力而獲得的生活樂趣？

　　請就以下五個面向，試著從學業學習、人際關係、自然現象或對社會現象等舉一例說明：

　　1. 所觀察的事物
　　2. 事物如何變化
　　3. 你的感受
　　4. 如何運用此現象
　　5. 總結

　　現在，就用文字展現你對細節的敏銳洞察，寫出屬於你的觀察故事吧！

延伸知識

《夢溪筆談》

或稱《筆談》，是中國北宋沈括所作的筆記體著作，原有 26 卷，分 17 門，題材廣泛，記錄作者所見所聞及研究心得，當中有三分一以上的內容，敘述有關科學技術的各方面先進成就，涉及天文、數學、物

理、地理、醫藥和樂律等各範疇，使本書成為中國科技史研究的重要著作和珍貴資料。

牡丹
植物名。落葉灌木。二回三出複葉，夏初開花，單生枝頂，徑十至十七公分，色有紅、白、黃、紫等種，為中國大陸特產。也稱為「牡丹花」、「富貴花」、「一捻紅」。

歐陽脩
歐陽脩（1007–1072）字永叔，諡號文忠，號醉翁、六一居士。北宋著名文學家、史學家、政治家，為「唐宋八大家」之一，擅長散文與詩詞，主張「文以載道」，強調文章應有思想內容。相關作品有：《新五代史》、《歐陽文忠公集》、《醉翁亭記》等。

宋代書畫鑑賞風氣
北宋時期書畫藝術興盛，收藏書畫成為文人士大夫的重要活動。講究「畫中有詩、詩中有畫」，強調作品所呈現的意境與情感表達。名家的作品往往價格高昂，但同時市場上也充斥著偽作與贗品，對鑑賞能力的要求更高，依靠筆法、構圖及落款印章判斷真偽。

參考資料
- 顧爺《不懂中國畫，只怪你太年輕：用迷因打敗老掉牙，去故宮不再腦袋空空》，原點出版
- 沈括、許汝紘暨高談編輯部《圖解夢溪筆談》，華滋出版
- 「怪獸部落」網站〈貓咪眼睛好神祕！瞳孔大小縮放自如〉
- 黃可萱《你不可不知道的 101 位中國畫家及其作品》，華滋出版

09 【雙文對讀】析字的人文與科學論證

選文出題／蔡思怡

文本一

　　翟天師名乾祐，長六尺。手大尺餘，每揖人，手過胸前。臥常虛枕。晚年往往言將來事。入夔州市，大言曰：「今夕當有八人過此，可善待之。」人不之悟。其夜，火焚數百家。八人，乃火字也。

（節錄自：唐・段成式《酉陽雜俎》）

文本二

　　杜相鴻漸之父名鵬舉，父子而似兄弟之名，蓋有由也。鵬舉父嘗夢有所之，見一大碑，云是宰相碑，已作者金填其字，未者刊名於柱上。鵬舉父云：「有杜家兒否？」曰：「有。」任自看之。視之，記得姓下有鳥偏旁曳腳，而忘其字，乃名子為鵬舉。而謂之曰：「汝不為相，此乃世世名字，當鳥旁而曳腳也。」後鵬舉生鴻漸，而名字亦前定矣，況其官與壽乎？

（節錄自：宋・李昉《太平廣記》）

> 1. 杜相鴻漸：杜鴻漸是唐朝宰相，字之巽，安州刺史杜鵬舉之子。
> 2. 曳：拖拉、牽引之意。

挑戰閱讀王

1. 下列關於這兩篇古文的寫作手法，何者正確？
   （A）為了感念主角，甲、乙兩則故事皆被刻於石碑上
   （B）甲、乙兩則故事，皆發生於三更半夜而難以因應
   （C）甲篇主角擁有預言能力，乙篇亦載預言成真之事
   （D）甲篇主角身形異於常人，乙篇則未提及相關訊息

2. 下列句子與主語的搭配，何者正確？
   （A）可善待之：翟天師
   （B）火焚數百家：數百家
   （C）見一大碑：鵬舉父
   （D）後鵬舉生鴻漸：鴻漸

3. 甲、乙兩則故事皆與析字有關，下列謎語，何者與析字的概念最相近？
   （A）只騙中年人：童叟無欺。
   （B）找不到郵筒：不可置信。
   （C）只有弟弟姊姊和妹妹：歌。
   （D）什麼水果視力最差：芒果。

答案：1.（D）2.（C）3.（C）

關鍵向度短文

　　這兩則古文都出現有趣的析字，像是第一篇把「火」拆成「八人」，第二篇把「鴻」拆成「有鳥偏旁曳腳」。在金庸小說《射鵰英雄傳》中，

也有類似的橋段，例如這道謎題：「六經蘊藉胸中久，一劍十年磨在手。杏花頭上一枝橫，恐泄天機莫露口。一點累累大如斗，掩卻半妝何所有。完名直待掛冠歸，本來面目君知否？」答案便是「辛未狀元」。

　　請你以析字為主題，設計一道字謎，謎題須以「類近體詩」呈現，原則上 1-2 句猜一字，也就是最多一字拆成兩句，可五言，可七言；最少四句，最多八句，四句至少一組對仗，八句中間兩聯須對仗。最後，謎底必須是「眾所皆知」的詞語喔，快來大展身手吧！

延伸知識

《酉陽雜俎》

本書是唐朝博物學家段成式所寫的一部筆記小說集，共三十卷，最後十卷為續集。其中介紹了許多漢唐以來的生活狀態、思想狀況等，為後來社會研究關中歷史提供了史料，也是了解唐代中西方交流的重要文獻，在唐人筆記中是一部別具特色的重要作品。

此書分門別類輯事，魯迅先生稱其記錄祕書、敘述異事，仙佛人鬼，乃至動植物，無所不包，以類分別，猶如類書。

酉陽即小酉山（在今湖南沅陵），相傳山下有石穴，洞內藏書千卷。書名取義於梁元帝「訪酉陽之逸典」語。從內容看，天文地理，怪力亂神，草木蟲魚，無所不包。

《太平廣記》

《太平廣記》是宋代人編的一部大書。因為它編成於太平興國三年，所以定名為《太平廣記》。全書五百卷，目錄十卷，專收野史傳記和以小說家為主的雜著。引書大約四百多種，一般在每篇之末都註明了來源，但偶爾有些錯誤，造成同書異名或異書同名。《太平廣記》按主題分九十二大類，下面又分一百五十多小類，例如畜獸部下又分牛、馬、駱駝、驢、犬⋯⋯等細目，查起來比較方便。從內容上看，收得最多的是小說，實際上可以說是一部宋代之前的小說總集。

《太平廣記》中神怪故事占的比重最大，大都屬於志怪性質的故事，代表了中國文言小說的主流。《太平廣記》的編者把神仙、道術放在異僧、釋證等類的前面，顯然有尊崇民族的宗教文化的意思。

參考資料

- 金庸《射鵰英雄傳》，遠流出版
- 蔡經謙〈猜燈謎2025題目與答案大全！元宵猜燈謎遊戲，從簡單成語字謎到有趣燈謎兒童也能玩〉，「早安樂活」網站
- 趙啟麟《這個哏，古人很愛用：14組典故關鍵詞，讓你擴充古文語感，深入古代詩人的潛意識》，漫遊者文化

第 3 部

道德實踐與公民意識

核心素養面向③
社會參與

10 你與臺灣黑熊故事的開始

選文出題／林季儒

　　鎖定以「熊」為研究核心並不容易，這樣的堅持，某種程度也是一種偏執。

　　在博士論文研究期間，我在親手捕捉繫放十五隻黑熊的過程中，親眼目睹半數以上的個體不是斷掌，便是斷趾。無意中打開了這個封鎖在山林中不為人知的祕密檔案，連我自己也相當意外及震驚，說不定是深山裡的黑熊要給我的信息！保育不僅是純科學研究的資料收集，更需要找出問題之所在與因應的解決對策，並且確實落實行動，以解決問題。因此，我默許，只要能力所及，將盡最大力量去改善這些動物的處境。

　　不管是在野外或圈養的環境下，國內有關熊類的各項資料收集都極不容易。臺灣黑熊一般分布在人煙稀少的山區，這些地方交通不便、補給困難、地形崎嶇且林相複雜，加上黑熊的活動範圍廣大，研究者首先得克服體能上的限制，並具備適當的山林活動經驗。相較於小型動物的研究，這類大型動物的研究也相對的費時耗資，唯政府的預算編列未必全然考量到這一點。這些動物除了數量稀少之外，習性機警且隱蔽，對於人類活動敏感，更增加了觀察或資料收集的難度，研究資料累積緩慢。

　　這幾年全島野外調查和訪查的所見所聞，讓我不得不相信野外臺灣黑熊的族群狀況沒有預期中的樂觀，不是每個地方都像大分這個有熊國（選註1）這般，尤其是北臺灣，狀況更差。哪怕是現在，很多人對於這號動物仍是相當陌生，甚至充滿諸多誤解，更遑論不了解牠們堪憂的處境。

　　然而令人欣慰的是，這幾年下來，我也發現臺灣一般民眾對於臺灣黑熊的興趣

和關注程度，遠遠超出我的想像，甚或可能超越公部門被賦予的義務。後者於執行面上也面臨著諸多的限制，尤其是當政治和其他人為因素大多是凌駕於其他生物議題的前提下。一些素昧平生的民眾，偶或企業，主動和我聯繫，詢問如何幫助臺灣黑熊，或是怎麼幫助我。

很多人相信，臺灣黑熊代表著臺灣意象，不容消失；我們也無權剝奪下一代的自然文化襲產，罔顧世代及環境正義。因此，採取積極的保育行動是挽救瀕臨絕種動物的當務之急，其中最重要的莫過於同時提升政府和民眾的保育認知和行動力，以期保障該族群的未來存續。

以前我總以為，自己只適合投身研究工作，絕不可能涉足街頭運動，如今看來似乎並非完全如此。在一票關心黑熊的友人（多是因熊而結識）的力挺和勸進之下，「台灣黑熊保育協會」（Taiwan Black Bear Conservation Association，www.taiwanbear.org.w）於 2010 年正式掛牌成立。

我無法推託這個社會責任，因為總得提供民眾關心黑熊保育的管道，並藉此窗口動員社會以匯集推動黑熊保育業務所需的各項社會資源。協會成立的宗旨在推廣臺灣黑熊的保育及研究，並與國內外保育組織或單位合作交流，提升我國及其他地區熊類的保育水準。這一切都好像水到渠成，但說穿了，戲也才剛要上場而已。對我而言，這畢竟也是另一條陌生且充滿挑戰的路。

我常開玩笑說，誰最愛臺灣？答案是臺灣黑熊。因為「熊愛臺灣」（臺語）。如果我們對臺灣黑熊瀕臨絕種的處境都覺得無關痛癢的話，又如何做到「熊愛臺灣」呢？

※ 選註 1：「大分」是布農族的重要據點，位於臺灣中央山脈的最深處。每年冬季青剛櫟果成熟時，就會吸引臺灣黑熊前往覓食，這個地方也是人稱「黑熊媽媽」的黃美秀口中的「有熊國」。

（節錄自：黃美秀《尋熊記：我與台灣黑熊的故事》P.248-259，遠流出版）

挑戰閱讀王

1. 依據上文，作者「黑熊媽媽」黃美秀在親手捕捉繫放十五隻黑熊的過程中，何者並非她發現並感受到的事情？
    (A) 作者親眼目睹研究的黑熊半數以上個體斷掌、斷趾，認為這透露出相當重要的黑熊保育訊息
    (B) 找出臺灣黑熊問題所在後，更應該思考因應保育對策，落實行動並解決問題
    (C) 作者期許自己只要能力所及，一定要盡最大力量改善現今臺灣黑熊的處境
    (D) 保育首重資料收集，只要能夠有完整的資料就能達到永續陸域生態的目標

2. 臺灣黑熊曾獲「全民票選臺灣最具代表性野生動物」，請問這結果也呼應了上文中作者所觀察到民眾對於臺灣黑熊的哪種態度？
    (A) 臺灣民眾對於臺灣黑熊自發性的興趣和關注，遠遠超出政府的政策和宣傳
    (B) 民眾常主動聯繫、詢問作者如何幫助臺灣黑熊，而企業卻沒有這樣的意願相當令人遺憾
    (C) 很多人認為不只有臺灣黑熊能代表臺灣意象，只關注臺灣黑熊是不公平且不正義的
    (D) 「台灣黑熊保育協會」由政府相關部門主動成立，就是希望能吸引民間團體參與

3. 上文提到「鎖定以『熊』為研究核心並不容易」的原因非常多，請問下列何者不是作者認為不容易的原因？

（A）臺灣黑熊一般分布在人煙稀少、林相複雜的山區，研究者得克服體能上的限制才能勝任

（B）圈養環境下熊類的各項資料收集相當容易，遠赴野外的研究才是困難的

（C）研究各種動物所需要的時間與費用都不相同，政府的預算編列不一定能夠考量到

（D）習性機警且隱蔽、對於人類活動較敏感的臺灣黑熊，觀察或資料收集的難度都較其他動物高

答案：1.(D) 2.(A) 3.(B)

關鍵向度短文

　　作者「黑熊媽媽」黃美秀在文中開玩笑的說，「熊愛臺灣」的應該是臺灣黑熊。其實不只臺灣黑熊，所有在臺灣生長與生活，不同背景、身分、想法的人們都有屬於自己愛臺灣的方式！例如：在〈那默默的一群〉文中維持環境整潔的清道婦（作者：張騰蛟），認真從頭到尾徹底完成一件有益於臺灣社會的事，也算是愛臺灣的超棒態度呢！請觀察生活周遭的人們，還有什麼是你認為適合體現「熊愛臺灣」的行為呢？

　　請在本週設定一天為自己的「熊愛臺灣觀察日」，透過以下五個向度的具體描述：「什麼人」、「做什麼事」、「什麼時間」、「發生地點」、「相關物件」，寫出自己對於愛臺灣事件觀察後的經驗、感受和想法。

延伸知識

臺灣黑熊

臺灣黑熊屬亞洲黑熊（Ursus thibetanus formosanus）的七個亞種之一，是臺灣唯一原產的熊類，臺灣黑熊為瀕臨絕種野生動物。目前族群在臺灣僅剩下約 200~600 隻。

特有種

特有種是指局限生長於某一地理區域的物種，例如：在臺灣以外的地區未出現的物種，即為臺灣特有種。

原生種

原生種是指藉由自然力傳播而繁衍於本地的原生物種，包含特有種與非特有種。

參考資料

- 「玉山國家公園」網站〈臺灣黑熊科普〉
- 張鈞皓、葉子維、黃美秀〈公民科學家參與玉山國家公園臺灣黑熊與共域中大型哺乳動物自動照相機監測〉，《國家公園學報》第 33 卷第 2 期
- 「台灣黑熊保育協會」網站〈關於臺灣黑熊〉
- 林容安〈臺灣黑熊族群存續力分析〉，「國立屏東科技大學野生動物保育研究所」網站

11 把療癒的光，照進偏鄉角落

選文出題／黃淑卿

　　看完最後一位在愛國蒲部落的個案，已經是下午四點半。徐超斌回到車上，巨大的疲憊感一湧而上。卸下醫師身分的他，是一名病人。

　　2006 年，徐超斌三十九歲，是臺東達仁鄉衛生所醫師兼主任，在一次數日超時工作、沒有休息的執勤任務後，發生腦出血，左手、左腳從此行動不便。巡診時，他拖著蹣跚腳步，走進病人的家裡。坐下來打病歷時，他會用右手挪動左腳，調整成比較方便的姿勢。

　　2019 年的年底，徐超斌被診斷出罹患鼻咽癌，從此在治療與復發之間擺盪。這天上午，他才到臺東馬偕醫院進行化療。作為一名癌症患者，下午他應該好好休息。然而，徐超斌仍持續他每週例行的出診。

　　徐超斌停不下來。他知道，他的病人在等他。

　　他是臺東土坂部落排灣族人。在臺北醫學大學（原臺北醫學院）求學時，便立志未來要回到家鄉服務。畢業後，經歷了臺南奇美醫院的洗禮，他履行了對自己的承諾，成為達仁鄉衛生所的醫師，站在第一線上為鄉親服務。

　　他深刻體認偏鄉醫療資源匱乏，增開了夜間門診、假日門診，並親自開車做巡迴醫療，一個月曾工作四百小時，「超人醫師」的名號不脛而走。

　　中風之後，即使行動不便，徐超斌依然堅守醫師崗位。他的「超人」事蹟逐漸流傳開來，感動了許多人。為了支持他改變偏鄉醫療的困境，廣大民眾的小額捐款從四面八方湧來，促成他在 2012 年成立了「南迴基金會籌備處」，最主要的任務，就是籌建南迴醫院。

　　根據徐超斌的規劃，南迴醫院有二十張病床，並設有急診。從此，南迴偏鄉的

病患不必為了到市區看病，飽受舟車勞頓之苦。

十年過去了，南迴醫院仍不見蹤影。2016年就購置的九百七十一坪預定地，荒草叢生，沒有任何動工的跡象。

「徐醫師，南迴醫院什麼時候才會蓋好？」在地鄉親追問，不少捐款人也提出質疑，建院喊了這麼久，為何至今還是只聞樓梯響？

這不是容易回答的問題。在偏鄉蓋醫院，理想與現實的衝擊與拉扯，遠超過徐超斌的預期。

南迴建院是他的初衷，但是他如今不得不考慮，在病患數、醫護人力都不足的前提下，南迴醫院能夠撐多久？蓋醫院是提升偏鄉醫療資源的唯一處方嗎？如果不能馬上蓋醫院，現階段是否有別的替代方案？

車窗外，海岸線隨著南迴公路緩緩展開。暮色中，灰暗的海浪來回拍打岸礁，像是他心頭反覆湧現的思緒。眼前要克服的困難還很多，但是徐超斌從來沒有忘記，自己身上背負著守護鄉親的責任。

他閉上雙眼，想像自己是飛行在南迴公路上的超人，隱形的披風在空中揚起……

（節錄自：徐超斌、謝其濬《把光照進看不到的地方》P.13-17，發光體出版）

挑戰閱讀王

1. 徐超斌醫師被鄉親稱為「超人醫師」，這個名號的來由和下列何者有關？
   （A）他曾經是一名超級英雄，擁有超越常人的體力和速度
   （B）他克服各樣困難，成立南迴醫院，解決偏鄉就醫問題
   （C）他專精各種醫學領域，能夠勝任各樣科別為病患診治
   （D）他在醫療工作投入大量時間，曾一個月工作四百小時

2. 徐超斌醫師的事蹟感動許多人，他也成立了「南迴基金會籌備處」籌建醫院，改善偏鄉就醫困難的問題，但卻一直未能動工，下列何者最有可能是南迴醫院至今未能落成的原因？

   (A) 偏鄉病患與醫護人力短缺，將使醫院營運困難
   (B) 當地居民反對興建醫院，擔心影響社區的環境
   (C) 捐款不足，無法支應建院所需的高額興建費用
   (D) 目前的配套措施已非常完善，不需要再建醫院

3. 本文節錄自《把光照進看不到的地方》一書，是本書開頭的開場白，依據本文的敘述，推論本書的主軸會是什麼？

   (A) 描述偏鄉醫療的困境，以及一位醫師的堅持與掙扎
   (B) 描述癌症患者如何克服疾病，繼續投身於醫療事業
   (C) 討論政府對於偏鄉醫療的政策缺失，並提出批評
   (D) 宣傳南迴醫院的募款計畫，鼓勵更多人支持建院

4. 文末作者寫道徐超斌醫生在車上閉眼，想像自己是飛行中的超人，隱形的披風在空中揚起……。這樣的想像與敘述不僅呼應了他「超人醫師」的稱號，也強化了讀者對他的印象。這個畫面最可能要表達徐超斌醫生當下的何種情緒？

   (A) 絕望無助，只能透過想像，撫慰自己受傷的心
   (B) 重燃鬥志，即是面對現實的打擊，他仍不氣餒
   (C) 自豪滿足，自己像超人一樣已實現自己的夢想
   (D) 疲憊不堪，多希望自己能像超人一樣無所不能

答案：1.(D) 2.(A) 3.(A) 4.(B)

關鍵向度短文

文章中提到：「車窗外，灰暗的海浪來回拍打岸礁，像是他心頭反覆湧現的思緒。」這句話透過自然的景象比喻了徐超斌澎湃的內心活動，象徵徐超斌雖然面臨現實困境，如醫院無法動工、健康狀況惡化等一再打擊，但仍然在思索如何突破困局，不輕言放棄。

你是否也曾有過理想和現實產生衝突的經驗？請分享你的經驗，並運用這五個關鍵詞串成一篇短文：「彷彿」、「擺盪」、「理想」、「現實」、「打擊」。

_____

_____

_____

_____

_____

_____

_____

_____

延伸知識

徐超斌

排灣族名 Djaikung Luveljeng（戴恭·露柏泠），1967 年 5 月 13 日出生。他的行醫之路與兩個人有關──二妹和外婆。二妹 4 歲時因感染麻疹併發肺炎送醫不及而夭折，當時他才 7 歲。望著悲傷的父親，他暗暗對著黑夜發誓：「將來我要當醫生，不讓病人在送醫途中枉死」。

他的外婆則是部落知名巫醫，徐超斌童年常跟她出診，看到她「作法」讓奄奄一息的病人好轉，感受到生命奧妙。「雖然外婆的傳統醫療和現代醫療很不同，卻能安撫人心，贏得信任尊敬，她教導我的是看病的精神。」

他有感於臺東縣南迴公路沿線經過 4 鄉，全長 118 公里，卻因沒有一家救命醫院，讓鄉內重症病患無法及時送醫而喪失寶貴生命。對於城鄉醫療資源分配不均問題，他從 2012 年開始為鄉民請命，希望催生南迴醫院，並籌設南迴醫院以改善偏鄉原住民醫療環境。

愛國蒲部落

愛國蒲部落（Tjukuvulj）位在臺東縣大武鄉，北為太麻里，西側與南側皆與達仁鄉為鄰，東臨太平洋。全鄉約有六十九平方公里大小，南北狹長，村落多數分布在中央山脈南段河谷平原。

土坂部落

位於臺東縣達仁鄉的土坂部落，曾經被稱為「毛蟹的故鄉」，主要居民為排灣族，仍保有傳統原住民社區風情。村內人才濟濟，有原住民木雕家、藝術家、文化工作者、傳統頭目家屋，社區內充滿傳統排灣族氛

圍，具排灣族代表性的百步蛇和臺灣百合圖案隨處可見，許多家戶可說是現成的博物館。

排灣族

排灣族是臺灣原住民族之一，為臺灣人口第三多的原住民族，主要分布在臺灣南部的屏東縣、臺東縣及花蓮縣南部的山區和沿海地區。排灣族最具特色的是嚴謹的階級制度，社會結構分為貴族、頭目、平民等階層。頭目家族掌有土地與政治權力，具有領導部落的權利與義務。貴族文化反映在家屋、服飾及飾品上，例如貴族家屋會有百步蛇的雕刻裝飾，象徵權力與尊貴。

參考資料

- 徐超斌《守護4141個心跳》，寶瓶文化
- 徐超斌〈一輩子的夢，催生南迴醫院〉，「104職場力」網站
- 「醫療財團法人南迴基金會」官方網站

12 我有一個夢想

選文出題／黃淑卿

　　今天，我很高興能與大家一同參與這場將寫下歷史的盛大集會，這是我國史上最偉大的自由示威運動。

　　一百年前，一位偉大的美國人簽署了《解放奴隸宣言》，而我們今天就站在他的雕像前。這份重要的宣言就像帶來希望的一道光，照亮了數百萬名被不公不義欺壓著的黑奴們。這道黎明曙光帶來了喜悅，終結了他們遭受囚禁的漫長黑夜。

　　美國違背了承諾，黑人得到的只是張「資金不足」的空頭支票。然而，我們拒絕相信這個國家沒有機會與正義，因此我們來到這裡，要求平等與自由，並強烈呼籲大家正視當下的迫切需要。我們不能再等待，現在就是擺脫種族隔離、實現種族正義的時刻！

　　如果國家忽視這場鬥爭，後果將不堪設想。1963年不是終點，而是新的開始。黑人不會安於現狀，除非獲得公民權利，否則美國不會有真正的和平。

　　但我們不能以仇恨回應不公。我們的鬥爭必須建立在尊嚴與紀律之上，以靈魂的力量對抗暴力。我們不能對所有白人失去信任，因為許多白人兄弟姐妹已經認知到，我們的命運緊密相連。我們不能獨自行走，而是要攜手前行。

　　我們不會滿足，除非黑人不再遭受警察暴力，能夠自由旅行，獲得選舉權並享有平等的機會。我們不會滿足，直到正義如流水滾滾、公義如洪流洶湧。

　　許多人為了這場鬥爭犧牲，受到監禁、迫害，但是請保持信念，因為局勢終將改變。我們要懷抱希望，不沉溺於絕望之中。

　　即使前路困難，我依然懷抱一個夢想，這個夢想深植於美國夢之中。

　　我夢想著有一天，美國將真正實現「人人生而平等」。

　　我夢想著有一天，在喬治亞州的紅色丘陵上，奴隸的子孫和奴隸主的子孫能夠

共享兄弟情誼。

我夢想著有一天，即使是密西西比州，也能變成自由與正義的綠洲。

我夢想著有一天，我的孩子將生活在一個不因膚色而是以品格受到評判的國家中。

我夢想著有一天，在阿拉巴馬州，黑人與白人的孩子能夠手牽著手，成為兄弟姐妹。

我夢想著有一天，這個國家所有的不平等都被矯正，所有人都享有平等的自由。

這是我們的希望，這是我們的信念。憑藉這信念，我們將能夠從絕望的山巒中鑿出希望之石，讓這個國家變成充滿兄弟情誼的和諧樂章。我們將一起奮鬥、一起禱告、一起爭取自由，因為我們知道，有一天，我們將真正獲得自由。

當這一天來臨時，「自由」將從美國的每一座山巒響起，從新罕布夏、紐約、賓州、科羅拉多、加州、喬治亞、田納西、密西西比州的山脈，從每個地方響起。

當自由真正響起時，所有人包括黑人與白人、猶太人與基督徒、新教徒與天主教徒，都能攜手高唱著：「終於自由了！終於自由了！感謝上帝，我們終於自由了！」

（節錄譯寫自：馬丁・路德・金恩 [Martin Luther King, Jr.] 博士演講文〈我有一個夢想〉[I have a dream]）

挑戰閱讀王

1. 在演講中，金恩博士說：「美國違背了承諾，黑人得到的只是張『資金不足』的空頭支票。」在這句話中，「空頭支票」的比喻意義為何？

（A）比喻即使美國的社會福利完善，發放給黑人的支票卻沒辦法使用

（B）比喻黑人不應該對美國政府抱有任何的期待，以免之後太過失望
（C）比喻美國對黑人自由和平等的承諾只是表面文章，並未付諸實踐
（D）比喻美國社會中，黑人經濟條件差，資金不足，都是政府政策造成

2. 演講中金恩博士反覆使用「我夢想著有一天……」的句型，列舉各種對未來美國社會平等的願景，包括不同膚色的孩子可以手牽手、曾經對立的族群可以共享兄弟情誼等。這種反覆使用相同開頭的句型給聽眾何種感受？
    （A）透過反覆強調核心理念，喚起聽眾的情感共鳴與認同
    （B）讓大家了解金恩博士的夢想，拉近講者和聽眾的距離
    （C）反覆說明美國社會的歷史發展過程，增加聽眾的知識
    （D）以理性分析的方式呈現美國的現況，讓聽眾思考問題

3. 在演講中，金恩博士提及「我們不能以仇恨回應不公，我們的鬥爭必須建立在尊嚴與紀律之上」。在當時種族歧視嚴重、黑人經常成為暴力對待對象的背景下，這一觀點主要希望傳達何種抗爭理念？
    （A）黑人應暫時隱忍不公，等待更有利的時機，以一舉獲勝
    （B）黑人民權運動應選擇非暴力抗爭，以和平方式尋求正義
    （C）抗爭活動應組織嚴明，用激進抗爭手段以快速達成目標
    （D）呼籲黑人撤回爭取權利的訴求，保留黑人的體面與尊嚴

4. 在演講的後段，金恩博士說：「當自由真正響起時，所有人，包括黑人與白人、猶太人與基督徒、新教徒與天主教徒，都能攜手高唱著：『終於自由了！終於自由了！感謝上帝，我們終於自由了！』」這段話中提及不同族群和宗教團體，其主要目的為何？

（A）表示除了黑人遭受歧視，美國也有宗教信仰的不自由
（B）呼籲全體美國人跨越種族與信仰差異，共同追求自由
（C）強調黑人抗爭時，和各宗教團體合作更容易達成目標
（D）顯現美國不分族群和宗教，但都喜歡唱歌和信仰上帝

答案：1.(C) 2.(A) 3.(B) 4.(B)

關鍵向度短文

　　1963 年 8 月 28 日，逾 25 萬民眾聚集在首都華盛頓市中心國家廣場上號召「為了工作與自由：向華盛頓進軍」。在此集會中，馬丁・路德・金恩博士發表了這篇最著名的演講〈我有一個夢想〉。即使金恩博士所處的年代已在林肯解放黑奴後的一百多年，種族歧視卻仍普遍存在於美國社會之中。

　　反觀臺灣，我們的社會是否也存在著歧視呢？請發表你感受過或觀察到的「歧視」現象，並運用以下五個關鍵向度描述與分享：「什麼事？」、「他人反應如何？」、「我感覺到什麼？」、「我們應該怎麼做？」、「我期待什麼？」

延伸知識

馬丁・路德・金恩（Martin Luther King, Jr.）

馬丁・路德・金恩（1929年1月15日—1968年4月4日）是一位美國牧師、社會運動者、人權主義者和非裔美國人民權運動領袖，也是1964年諾貝爾和平獎得主。他主張以非暴力的公民抗命方法爭取非裔美國人的基本權利，而成為美國進步主義的象徵。

《解放奴隸宣言》（The Emancipation Proclamation）

這是美國總統亞伯拉罕・林肯於1862年9月22日發表的行政命令，並於1863年1月1日正式生效。這份宣言對美國歷史和黑人解放運動具有深遠的影響，其主要目的是解放南方聯邦州（當時處於南北戰爭中的邦聯）的奴隸。

新教徒（Protestants）

新教徒是基督教三大主要教派之一——新教（Protestantism）的信徒。新教起源於16世紀的宗教改革運動，該運動由馬丁・路德（Martin Luther）、約翰・加爾文（John Calvin）等宗教改革者領導，旨在反對當時羅馬天主教會的一些教義和做法，特別是對於教會權威和信仰本質的質疑。新教徒根據不同的教義和宗教觀念，分為多個宗派，包括：路德宗、加爾文宗（改革宗）、浸信會、衛理公會、長老會。

參考資料

- 胡其瑞《馬丁・路德・金恩：我有一個夢想》，三民書局出版
- 茱蒂斯・巴特勒《非暴力的力量：政治場域中的倫理》（蕭永群 譯），商周出版
- 王樵一《以愛制暴的人權鬥士：馬丁路德金恩博士》，主流文化
- YouTube 影片《史上最偉大演講：「我有一個夢想」中文版_馬丁路德金恩》

13 【雙文對讀】人在江湖的第一堂少年公民課

選文出題／林季儒

文本一

※ 文本說明：《連城訣》原名《素心劍》，是金庸的武俠小說。全書以一部劍訣及其中的祕密寶藏揭露了人性貪婪與虛偽的一面。主角狄雲因為生性正直質樸而屢被欺騙冤枉，在歷經磨難之後，終於看穿人世的險惡而隱歸山谷的故事。全書共 12 章。

　　他繞到山洞之側，躲在一塊岩石後面。聽得腳步聲越來越近，突然間眼前光亮，只見一群人轉過山坳，手中高舉火把。這夥人約莫五十餘人，每人都是一手舉火炬，一手提兵刃。當先一人白鬚飄動，手中不拿火把，一手刀，一手劍，卻是花鐵幹。

　　狄雲見他與來人聚在一起，微覺詫異，但隨即省悟：「這些人便是一路從湖北、四川追來的，花鐵幹是他們的首領之一，當然一遇上便會合了。卻不知他在說些什麼？」見一行人走進了山洞，當下向前爬行數丈，伏在冰雪未融的草叢之中。這時他和眾人相距仍遠，但他內功在這幾月中突飛猛進，已能清楚聽到山洞中諸人說話。

　　只聽得一個粗澀的聲音道：「原來是花兄手刃了惡僧，實乃可敬可賀。花兄弟此大功，今後自然是中原群俠的首領，大夥兒馬首是瞻，唯命是從。」另一人道：「只可惜陸大俠、劉道長、水大俠三位慘遭橫死，令人神傷。」又一人道：「老惡僧雖死，小惡僧尚未伏誅。咱們須當立即搜尋，斬草除根，以免更深生後

患。花大俠，你說如何？」

花鐵幹道：「不錯，張兄之言大有見地。這小惡僧一身邪派武功，為惡實在不在乃師之下，或許猶有過之。這時候不知躲到哪裡去了。他眼見大夥兒進谷，一定急謀脫身。眾位兄弟，咱們別怕辛苦，須得殺了那小惡僧，才算大功告成，免得他胡說八道，散布謠言，敗壞陸、劉、水三位大俠與女水俠的名聲。」

狄雲心中暗驚：「這姓花的胡說八道，歹毒之極，幸虧我沒魯莽現身，否則他們一齊來殺我，我怎能抵擋？」

忽聽得一個女子的聲音道：「他……他不是小惡僧，是一位挺好的正人君子。花鐵幹才是個大壞蛋！」說話的正是水笙。

狄雲聽了這幾句話，心中一陣安慰，第一次聽到她親口說出來：「他不是小惡僧，是一位挺好的正人君子！」這些日子中水笙顯然對他不再起憎惡之心，但居然能對著眾人說他是正人君子，那確也大出他意料之外。突然間，他眼中突然湧出了淚水，心中輕輕的道：「她說我是正人君子，她說我是挺好的正人君子！」

水笙說了這兩句話，洞中諸人你瞧瞧我，我瞧瞧你，誰也不作聲。火把照耀之下，狄雲遠遠望去，卻也看出這些人臉上都有鄙夷之色，有的含著譏笑，有的卻顯是頗有幸災樂禍之意。

（節錄自：金庸《連城訣》第八章「羽衣」p.285-286，遠流出版）

文本二

※ 文本說明：《讀金庸偶得》是舒國治先生的第一本著作。他以獨特視角暢談金庸小說種種，雖然書名曰「偶得」，卻從名義斟酌、創作手法到情節懸疑等均鉅細靡遺分析，是想要了解金庸精彩武俠世界的讀者最好的敲門磚。

武藝社會中，正邪對立。所謂「正邪對立」，實是正派不容邪教，而邪教卻還容得下正派。正派人士視邪教為毒蛇猛獸，致有邪教之稱。邪教本身原不會稱自己為邪。像黃藥師甘稱自己為「東邪」，係反其意而用之，愈發以此來攻人也。

邪教對於正派，乃我行我素，河水不犯井水便是。正派卻又不同，你即使不犯我，我還是要剿除你，乃因你為禍武林，甚而為禍文林，若不將你收拾平服，便枉為

學武之人了。

　　在金庸書中，「正邪不兩立」似乎未必是武藝社會之永恆常態。在金庸筆意裡，也隱隱想將武人的正邪之分，作一個勸服。要不然，只需有一個惡人在夜裡做奸邪事，那些以廓清正道為職志的武當七俠便需有一個人當夜不能睡覺。張三丰活了一大把年紀，自然善體門下弟子終年行俠之勞（有時行俠行到連師父生日都差點兒趕不回來），便說了一句公道話：「別自居名門正派，把別人都瞧得小了。這正邪兩字，原本難分。」

　　將相爭互吵的正邪兩方拉扯開來，金庸這和事佬也忒費苦心了，有時還犧牲好端端的人命。張翠山和殷素素這一對璧人就為此而死。楊過和小龍女便也因此分離一十六載。令狐沖與任盈盈終雖結合，卻歷經多少身心煎熬。郭靖與「小妖女」黃蓉結成夫妻，其間的千山萬水，作者跋涉起來，想必腰痠腿腫。

　　名門正派的男子與邪教女子相遇而至結合，是金庸小說中極顯著的一個安排。其作用之一，便是「使正與邪結成親家」，從此不分你我，不分彼此。

　　要能正邪不分彼此，則必須正派先行讓步；何也？原因原是正派不願容下邪派，邪派的名稱也是正派給的。這當口，金庸又得往邪派那廂多靠近一點，以將其劣勢扳回一些；張翠山自恃正派，起初對殷素素相當不屑，而殷素素對他卻一往情深，**處處容忍**，**處處為他著想**。任盈盈對令狐沖何嘗不是如此？令狐沖剛愎自用、食古不化，任盈盈茹苦含辛，始終沒有怨言。讀者閱來，早已站在「小妖女」這邊，而對名門正派多有責難了。邪派既有這諸般好處，那麼正派便不能再得理不饒人了。

　　正派自說其正、自話其正，一如俠義之人自道其俠義，同樣讓人看不過去。於是金庸在《倚天屠龍記》三六五頁、三六六頁中將「名門正派」四個字各提一次，語氣裡隱隱有嘲諷之意。

（節錄自：舒國治《讀金庸偶得》p.68-69，遠流出版）

挑戰閱讀王

在金庸構築的精采武俠世界中,「正邪勢不兩立」是小說裡引發主從衝突、產生兩派對立常見的情節發展手法。但隨著故事軸線的推演,作者又每每從他所布下的「正邪對立」二元世界,再轉折出「正邪二字,原本難分」的視角,讓讀者去顛覆對於正派都是好人與邪派都是惡人的「從眾偏見」認知。

看完兩則文本之後,請你一起來挑戰以下閱讀題組看看。這次題目多達 8 題,請努力完成答題,成為勇闖江湖的聰明少年公民!

1. 在《連城訣》中,第八章「羽衣」是全書重要的轉折之一。請從文本一中找一找這章的線索,尋找出下列最<u>不正確</u>的選項:
   - (A) 狄雲伏在草叢中依然可以清晰聽到山洞中眾人的對話,是因為他的內功功力大增
   - (B) 走進山坳的眾人都認為花鐵幹是手刃惡僧的大功臣,甚至打算擁戴他成為中原群俠的首領
   - (C) 「這小惡僧一身邪派武功,為惡實在不在乃師之下,或許猶有過之。」強調小惡僧應該本性不壞
   - (D) 從水笙為狄雲辯駁的話裡,可以感受到她對狄雲不再起憎惡之心,也不再誤會他了

2. 在閱讀完文本二後,請選出的最符合文意的選項:
   - (A) 全文都是作者分析金庸先生在小說中對於「正」、「邪」兩種立場的看法
   - (B) 舒國治認為金庸筆下的世界是正派不容邪教,而邪教也容不得正派

（C）黃藥師的「東邪」外號，是眾人誤會才給他取的，他一直拚命解釋也沒有用

（D）邪派常常主動挑釁正派，即使你不犯我，我還是要作惡多端，為禍武林

3. 承上題，從文中可以看出名門正派的男子與邪教女子相遇而至結合，是金庸小說中想要打破正邪壁壘極顯著的一個安排。請問下列哪個選項不符合此安排？

（A）郭靖與黃蓉

（B）張翠山與殷素素

（C）狄雲與水笙

（D）令狐沖與任盈盈

4. 在文本中，作者透過層層推進的對話，暗示書中人物的想法。請問下列何者為非？

（A）「今後自然是中原群俠的首領，大夥兒馬首是瞻，唯命是從。」強調首領說的話是不容質疑的

（B）「只可惜陸大俠、劉道長、水大俠三位慘遭橫死，令人神傷。」說明理解技不如人的下場

（C）「咱們須當立即搜尋，斬草除根，以免更深生後患。」解釋和惡人有關係的人也絕非善類，必除之而後快

（D）「免得他胡說八道，散布謠言，敗壞陸、劉、水三位大俠與女水俠的名聲。」暗示惡人說的話都是謠言，沒有聽的必要

5. 以前的人說過一句話：「師必有名。」（《禮記・檀弓下》）意思是指出兵打仗，需要有正當的理由才行。在以上文本中，作者透過

下列哪些內容來強調師出有名這件事？

(A) 邪教對於正派，乃我行我素，河水不犯井水便是

(B) 乃因你為禍武林，甚而為禍文林，若不將你收拾平服，便枉為學武之人了

(C) 別自居名門正派，把別人都瞧得小了。這正邪兩字，原本難分

(D) 讀者閱來，早已站在「小妖女」這邊，而對名門正派多有責難

6. 文中常常提到「正」「邪」兩個關鍵字。請問下列何者對於正邪的解釋較不接近文本表達的意思？

(A) 汙名化對方冠以「邪派」之名的原因，往往因為正派的人都自認為自己才是正義之士

(B) 邪教中人雖我行我素，但反而不會無端干擾他人，原因是他們抱持著人不犯我、我不犯人的態度

(C) 要能正邪不分彼此，則必須正派先行讓步，因為不願意容下對方的往往是正派

(D) 正與邪結成親家，從此不分彼此，因為這是邪派分化瓦解對方的手段之一

7. 「非我族類，其心必異。」（《左傳・成公四年》）這句話的解釋是：「不是我們同族的人，他們必定不與我們同一條心。」世界上有很多因為不理解而產生的偏見，造成了無可彌補的爭戰或衝突。請問下面哪一本書的例子最能說明這樣的情況？

(A) 《山豬・飛鼠・撒可努》：作者從不理解傳統文化到想要保護傳承部落文化的過程

(B) 《奇蹟男孩》：身障者奧吉因為被新同學歧視而遭受不公平的對待，最後勇敢直面挫折迎向未來

（C）《詩魂》：主角是不懂唐詩的十五歲男孩柳宗元，靠著智慧和勇氣保護了搖搖欲墜的詩境

（D）《辛德勒名單：木箱上的男孩》：納粹商人辛德勒用善意在二戰中堅持拯救了一千多名的納粹人

8. 在面對不同的立場時，我們往往會有連自己都沒有發現到的「無意識偏見」，就像是我們會認為正派的人一定都是好人一樣，然而有這樣的偏見可能會讓我們失去了探求真相的可能性。請選出下列符合「無意識偏見」的選項。（複選題）

（A）性別偏見：對於性別有著刻板印象，像文本中因為水笙是女生，因此眾人都認同她的發言

（B）過度自信偏見：認為自己的才是最正確的，就像文本中的正派認定自己的所作所為都是對的

（C）從眾偏見：放棄思辯，接受群眾的意見，就像大家說花鐵幹適合當武林盟主，其他人就跟著贊成

（D）權威偏見：全然相信權威者的訊息，就像是文本中大家都相信首領的意見，而不存疑求真

答案：1.(C) 2.(A) 3.(C) 4.(B) 5.(B) 6.(D) 7.(B) 8.(B)(C)(D)

・・・・・・・・・ 關 鍵 向 度 短 文 ・・・・・・・・・

　　面對與他人的差異，你會選擇「道不同，不相為謀」，彼此立場相左就不願溝通無法合作，還是會選擇積極化解偏見，共創優勢團結力量大？

在生活中，我們往往會有與他人意見不同的時候；在閱讀裡，我們也常常看到書中人物衝突的場景。請你從生活中或閱讀裡舉一個人物發生意見不同或衝突的例子，並用以下關鍵詞串成短文：「偏見」、「溝通」、「同理」、「立場」、「合作」。

　　說說你的在這個例子中學習到的事，並談談自己的經驗、感受和想法。

延伸知識

無意識偏見

也稱作隱性偏見，這是一種存在於潛意識中的假設或態度。每個人或多或少都有這類型的偏見，心理學家認為這是一種作為心理捷徑，幫助人們更快速的處理資訊。

AI 的偏見是學習來的

AI 不是一開始就有歧視，而是學習來的。即便想辦法提供多樣化的資料給 AI，人類文化裡無形的歧視，一樣會培育出有偏見的 AI。

刻板印象、偏見、歧視有什麼不一樣？

刻板印象（Stereotype）：人對於特定團體的特質有特定的信念。

偏見（Prejudice）：對特定族群或團體的人有負面情緒。

歧視（Discrimination）：針對特定團體做出負向行為。

參考資料

- 柳欣宇、黃英哲〈AI 不中立？探討 AI 偏見帶來的影響〉，國科會「科技大觀園」網站
- Asana 網站〈克服這 19 個無意識偏見以助提升包容性〉
- 陳佩儀〈消除偏見工作坊：察覺日常中的偏見，看見更多共融的可能〉，「勵馨基金會」網站
- 何晨瑋〈你所不知道的刻板印象正在威脅你！刻板印象、偏見、歧視有什麼不一樣？〉，「泛科學」網站

14 【雙文對讀】旁觀者的正義

選文出題／林季儒

文本一

　　北村鄭蘇仙，一日夢至冥府，見閻羅王方錄囚。……有一官公服昂然入自稱所至但飲一杯水，今無愧鬼神。王譏曰：「設官以治民，下至驛丞閘官，皆有利弊之當理，但不要錢即為好官，植木偶於堂，並水不飲，不更勝公乎？」官又辯曰：「某雖無功亦無罪。」王曰：「公一身處處求自全，某獄某獄，避嫌疑而不言，非負民乎？某事某事，畏煩重而不舉，非負國乎？三載考績之謂何，無功即有罪矣。」官大踧踖，鋒稜頓減。

（節錄自：清・紀昀《閱微草堂筆記》）

> 1. 驛丞閘官：管理驛站、閘門的小官。
> 2. 踧踖：恭敬而不安的樣子。
> 3. 鋒稜：氣勢凌厲。

文本二

　　為使國人更加重視校園霸凌議題，並減少校園霸凌事件的發生，教育部於 8 月 30 日開學日結合「友善校園週」舉辦「反霸凌專線電話 1953」啟用活動，由教育部次長林騰蛟、兒福團體及國內八大電信業者共同宣布專線電話正式啟用，簡單、好記又方便的專線號碼，提供 24 小時諮詢服務及通報管道，共同「拒絕霸凌」，一起勇

敢大聲向校園霸凌說「不」。

教育部希望透過這次簡化專線號碼方式，有效發掘校園霸凌事件及掌握事件處理即時性，鼓勵所有身處霸凌環境中的受害者及旁觀者，善用專線資源；除此之外，專線電話以 53 的諧音傳達「友善」概念，呼籲可能涉及霸凌行為的當事人，共同杜絕校園霸凌，以凝聚互相愛護、關懷與理解的友善校園。

記者會上首播宣傳影片「1953 不再旁觀」，是以反霸凌為主題製作的一系列偶動畫影片，活動會場並布置偶動畫的各個角色，吸引不少來賓圍觀拍照。結合友善校園週「友善校園無界限，陪你勇敢，不再旁觀」宣傳主題，期盼藉由寓教於樂的宣導方式，提供家長、老師及學生遭受疑似校園霸凌時的適切應對方式，以及鼓勵學生發現或是遭受校園霸凌時，一定要勇敢說出來。

（節錄自：教育部全球資訊網〈陪你勇敢，不再旁觀 教育部反霸凌專線電話1953 正式啟用〉）

挑戰閱讀王

1. 根據文本一內容提到的細節，請問以下敘述何者不正確？
　（A）鄭蘇仙做夢夢見自己到了冥王府，看見閻王爺正在登記剛抓到冥府的人
　（B）那個穿官服的人認為自己對鬼神沒有愧疚，是因為在世時只喝過老百姓的一杯水
　（C）閻王建議為官者應該在公堂上設個連水一口都不喝的木偶，以彰顯廉潔
　（D）最後為官者覺得不安，是因為聽了閻王說的無功就是罪，進而理解了自己的錯誤

2. 根據文本二，下列何者最符合本則新聞想告知民眾的訊息？
   (A)「反霸凌專線電話 1953」專線電話是由教育部獨力規劃成立，並宣布啟用
   (B) 希望透過簡化專線號碼方式，鼓勵所有霸凌環境中的受害者及旁觀者善用專線資源
   (C) 首播的「1953 不再旁觀」宣傳影片，是以反霸凌為主題製作的一系列校園紀錄片
   (D) 未來教育部將會持續推出一系列反霸凌宣導活動，期待各界捐款贊助

3. 文本一中，官辯曰「某雖無功亦無罪」，王卻曰「無功即有罪矣」。一樣是「無功」，兩人的看法卻南轅北轍。下面哪一個解釋最可能是作者在文中想表達的意義？
   (A)「無功」就是「不作為」，明明可以有所作為的事卻袖手旁觀，最要不得
   (B)「無功」就是「沒有功勞」，凡事得要想著爭取功勞，才能將功贖罪
   (C)「無功」就是「不可為」，不可以做的事情別明知故犯，以免惹禍上身
   (D)「無功」就是「徒勞無功」，白白的努力卻沒有成果還不如不做

4. 在面對社會現象與國際議題時，身為青少年的我們可別輕忽了自己的力量——我們還是「大有可為」的！請問下列行動何者與上文主旨最無關？
   (A) 在面對國際人權議題的時候，我們不一定能參與，但是依然能在網路上發聲支援

（B）我們無法到北極救助北極熊，但我們可以積極節能減碳減緩溫室效應

（C）知名速食餐廳發行限量卡通人物包裝套餐，我們不一定喜歡，但還是要支持購買

（D）訂購有機小農友善商品，可以間接為保護農村社區的生態環境盡一份心力

5. 以下為巴黎奧運金牌拳后林郁婷協助拍攝的防霸凌宣導影片《支持的力量》內容旁白。請選出下列與旁白想表達的意涵最<u>不相關</u>的選項：

《支持的力量——不旁觀 即正義》

我知道 你不想假裝沒看見

我知道 你擔心自己的力量太小

我知道 你害怕自己會變成下一個

但你知道 那是不對的

你不必得要力氣大 只要你願意站出來

你的力量就無比巨大

（整理自：教育部防治校園霸凌專區影片《支持的力量》）

（A）林郁婷表示在巴黎奧運飽受性別爭議時，因為有大家的支持才讓她在擂臺上更有力量

（B）即便提供協助的方法並不相同，但只要有所作為，就是減少霸凌發生的契機

（C）她常常因為中性打扮被戲稱「男人婆」，雖然霸凌是不對的，但是她卻沒有太在意

（D）為當事人說話、提供協助或是陪伴，其實能給予被霸凌者很大的支持與鼓勵

答案：1.(C) 2.(B) 3.(A) 4.(C) 5.(C)

關鍵向度短文

　　請問你看過《支持的力量──不旁觀即正義》的宣導短片嗎？短短的兩分鐘影片、幾十個字的旁白卻相當觸動人心！如果今天你是影片導演，你獲邀協助你們學校拍攝一支校園防霸凌宣導影片，請問你會如何安排劇情？旁白的文案你又會如何表現呢？

　　請以《請和我一起站出來，我們的力量無比強大》為主題，將你的劇情腳本與旁白文案寫在於下方空白處，並試著將你的作品與你的表藝老師分享。

延伸知識

旁觀者效應（bystander effect）

旁觀者效應是社會心理學中的一個概念，指的是當緊急事件發生時，個體的利他行為因周圍旁觀者的存在而受到抑制，導致受害者無法及時獲得援助。現場人數越多，個體越可能選擇袖手旁觀，使得受害者獲救的機率反而降低。這一現象與直覺相悖，因為人們通常認為，在場者越多，提供幫助的可能性應當隨之提升。

不作為

屬於法律術語的一種，在刑法的犯罪類型中，犯罪的成立不僅限於以積極行動實施的情形，即使僅是袖手旁觀，未採取任何行動，仍可能構成犯罪，這便是所謂的「不作為」。

參考資料

- 教育部防治霸凌專區宣導影片《支持的力量》
- 〈旁觀者效應：冷漠還是無情？〉，《cacao 可口線上雜誌》
- 〈霸凌事件怎麼面對？一起了解遇到霸凌孩子、家長、老師可以怎麼做〉，「兒福聯盟」網站
- 〈面對霸凌，我們都需要被討厭的勇氣〉，中央研究院「研之有物」網站

15 【雙文對讀】柳下季存國

選文出題／吳昌諭

文本一

　　齊攻魯，求岑鼎。魯君載他鼎而往。齊侯弗信而反之，使人告魯侯曰：「柳下季以為是，請因受之。」魯君請於柳下季，柳下季答曰：「君以鼎為國，信者亦臣之國，今欲破臣之國，全君之國，臣所難也。」於是魯君乃以真鼎往也。且柳下季可謂此能說矣。非獨存己之國也，又能存魯君之國。

（節錄改寫自：《呂氏春秋》、《國語》）

> 1. 岑鼎：魯國名鼎的名稱。

文本二

　　柳下惠，不羞汙君，不辭小官。進不隱賢，必以其道。遺佚而不怨，阨窮而不憫。故聞柳下惠之風者，鄙夫寬，薄夫敦。

（節錄自：《孟子》）

> 1. 柳下惠：姬姓，展氏，名獲，一字季，即柳下季。
> 2. 阨窮：困阨窮苦。
> 3. 薄夫：性情不敦厚，薄情的。

挑戰閱讀王

1. 在文本一中,齊侯說:「柳下季以為是,請因受之。」請問此句背後的原因,與下列何者最為接近?

    (A)魯君寵信柳下季,只聽從他的建議
    (B)柳下季其實是齊侯派在魯國的臥底
    (C)柳下季重視信用,絕不會說謊
    (D)只有柳下季能判別岑鼎的真假

2. 文本一中,關於魯君與柳下季的對話「君以鼎為國,信者亦臣之國,今欲破臣之國,全君之國,臣所難也。」請問下列何者正確?

    (A)魯君的國指國家的政權利益,柳下季的國指國家的國家土地
    (B)魯君的國指國家的政權利益,柳下季的國指個人的誠信原則
    (C)魯君的國指個人的國家土地,柳下季的國指個人的政權利益
    (D)魯君的國指個人的國家土地,柳下季的國指個人的誠信原則

3. 比較文本一與文本二,有關於柳下季的描述,下列敘述中何者最符合此項特點?

    (A)任勞任怨,堅守原則
    (B)追求富貴,仕官有道
    (C)善於權謀,明哲保身
    (D)崇尚隱居,淡泊名利

4. 《孟子》書中曾經稱讚柳下季為「聖之和者」,是聖人中最隨和的人。請問下列關於柳下季的描述,何者最為符合「聖之和者」的表現?

    (A)君以鼎為國,信者亦臣之國

（B）柳下季可謂此能說矣。非獨存己之國也，又能存魯君之國
（C）遺佚而不怨，阨窮而不憫
（D）故聞柳下惠之風者，鄙夫寬，薄夫敦

5. 古人的智慧是我們今人的借鑑。若將柳下季的價值觀應用於現代職場中，如果柳下季面臨到上司要求為公司作假帳逃漏稅。依據文本，他可能會如何面對上司的要求呢？
（A）不理會上司的要求，立刻辭職
（B）先順從上司，事後向主管檢舉
（C）權衡利弊後，再決定是否配合
（D）直言拒絕，並解釋誠信的重要

答案：1.(C) 2.(B) 3.(A) 4.(C) 5.(D)

關鍵向度短文

　　從前述故事中，我們看到春秋時期魯國與齊國國際間外交攻防，爾虞我詐。如果人人都像故事中的魯君那樣言而無信，那麼這個社會也就不可能成為正常、有秩序的社會，因此還是必須有像柳下季這樣堅守原則的人。

　　在這樣的亂世中，如何自處、處世，就成為重要的課題。試想如果你是故事中的魯侯，面對齊侯的要求、柳下季的質疑，你會如何處理此事呢？

　　這裡我們可以運用策略規劃工具「SWOT分析法」，來評估我們目前的優勢（Strength）、劣勢（Weakness）、機會（Opportunity）和威脅（Threat）。由這四個要素組成的矩陣，可以幫助我們全面了解個人及

內外部環境，從而制定有效的策略。請試著完成下列表格，最後說明你的決策與行動。

Strength 優勢
- 我有什麼優勢、特色？

Weakness 劣勢
- 我有什麼劣勢、缺點？

SWOT 分析

Opportunity 機會
- 外在環境有什麼趨勢或機會？

Threat 威脅
- 外在環境有什麼威脅或危機？

・透過 SWOT 分析後，我的決策是：

_____

・我採取的行動方案是：

_____
_____
_____
_____
_____
_____
_____
_____

參考資料

- 公孫策《霸王夢：春秋諸侯爭鋒一場大戲》，商周出版
- 鍾克昌《戰國策：雋永的說辭》，時報出版
- 肥志《如果歷史是一群喵（2）：春秋戰國篇》，野人出版
- 任超《故事春秋：爭霸 300 年，分崩離析下的百家爭鳴》，日出出版
- 任超《故事戰國：縱橫 200 年，帝國來臨前的權力賽局》，日出出版

第 4 部

人際合作
與多元文化

核心素養
面向③
社會參與

16 非行少年的共通點

選文出題／蔡思怡

　　少年犯下傷害罪的理由經常是「對方瞪我」。

　　我在少年院時經常耳聞「他老是看看著我賊笑」或「他瞪著我看」等抱怨。但實際詢問遭到指控的少年，卻發現他並未看人賊笑或瞪人。

　　發生誤會的原因在於視知覺功能不全。由於無法仔細辨認對方的表情，才會覺得遭人瞪視或被瞧不起，產生被害妄想。

　　他們的聽知覺功能或許也有所缺陷，所以聽到其他人自言自語會誤以為「那傢伙在說我的壞話」。

　　認知功能包含記憶、知覺、注意力、語言理解、推論與判斷等多項要素；也就是人類藉由五感獲得外界的資訊，彙整之後制訂計畫與執行，達成期望結果所需的能力。這種能力不分主被動，是所有行動的根源，也是接受教育與援助的基礎。

　　如果兒童無法正確理解訊息，將會導致輔導人員的心血白費；無論兒童如何努力制訂計畫，一開始即無法認知正確訊息而導致方向錯誤。

　　除此之外，「想像力」可以彌補視知覺功能與聽知覺功能不全。想像力薄弱，自然無法修正錯誤的認知。因此所謂偏差行為可能源自認知功能障礙。

　　以聽知覺障礙為例。老師上課時命令學生：翻開數學課本第三十八頁，做第五題；聽知覺功能不全的學生聽不清楚指令，勉強翻到課本第三十八頁，卻不知道要算第五題。

　　正當學生不知如何是好而左顧右盼或發呆，在老師眼裡可能顯得很不認真，於是當面斥責。他們挨罵時雖然乖巧，沒多久卻又出現相同的行為。這時反問他們剛剛老師說了什麼，其答案不僅不正確還風馬牛不相及。

其實他們聽不清楚或根本不理解老師說了什麼，只因為不想挨罵而裝懂，周遭的人也誤以為他們「老是裝傻」、「無心念書」、「愛說謊」。

而視知覺障礙，不僅會導致閱讀時跳行或落字、記不得國字、不知如何抄板書，也由於無法判斷周遭的情況與氣氛，引發「大家都排擠我」或「老是只有我吃虧」等被害意識或不滿情緒。

我聽過一個例子。某個交不到朋友的孩子，有一次鼓起勇氣走向其他正在玩耍的兒童，想邀大家一起玩，所有人卻一致逃走。於是他覺得自己遭到眾人排擠，開始出現偏差行為。

老師事後詢問大家，卻發現根本不是這麼一回事：當時大家正在玩捉迷藏，然而視知覺功能不全造成該名兒童鑽牛角尖，誤以為大家躲避自己，更覺得自己受到傷害。

我認為不僅是非行少年，其他問題學生身上可能也經常發生類似的情況，進而引發偏差言行。因此遇到問題學生，首先必須確認視知覺功能與聽知覺功能是否正常。

（節錄自：宮口幸治《不會切蛋糕的犯罪少年》p.78-82，遠流出版）

挑戰閱讀王

1. 根據本文，下列何者最可能是非行少年和其他問題學生都具有的特色？

　　（A）無法依靠自己控制情緒，容易因芝麻小事發怒

　　（B）認知功能不全，憑藉五感進而推想的能力薄弱

　　（C）想像力豐富，易將他人的言行舉止做過度聯想

　　（D）不了解自己的問題點，過度自信或者缺乏自信

2. 根據本文，下列何者是學生在校期間最常用來接收外在訊息的器官？
   (A) 眼睛、耳朵
   (B) 大腦、皮膚
   (C) 舌頭、鼻子
   (D) 嘴巴、肌肉

3. 根據本文，下列原因與結果的配對，何者正確？請在正確的配對前面打勾。

原因	結果
同學在說自己的壞話	視知覺功能不佳
記憶力不足	產生偏差行為
不想挨罵而裝懂	旁人誤會「無心念書」
遊戲中被眾人排擠	想法容易鑽牛角尖

答案：1.(B) 2.(A) 3.第四格「遊戲中被眾人排擠」→「想法容易鑽牛角尖」。

關鍵向度短文

在這段摘錄的文本裡，作者試圖從他與非行少年互動的經驗裡，梳理出導致這些少年做出犯罪之舉的可能原因。若你的班級裡有類似狀況的同學，你希望能透過一段文字說明，幫忙他得到其他同學更多的理解，請問你會怎麼下筆？

請你運用以下五個關鍵概念串成一篇說明短文：「認知」、「想像」、「功能」、「判斷」、「偏差」。

16

非行少年的共通點

延伸知識

非行少年

「非行」這個詞語並非中文用語,而是直接借用日語的方式來形容犯罪學上的一個專有名詞,在名詞解釋上就是指行為不好的意思,至於比較正式且學術的日本官方說法則是:犯罪少年(14 歲以上,未滿 20 歲觸犯刑事犯罪之人)、觸法少年(未滿 14 歲觸犯刑事犯罪之人)、虞犯少年(未滿 20 歲雖只有一些違反團體規定或社會秩序的行為,但卻有可能在將來觸犯刑事犯罪之人),這三種類型的統稱就是「非行少年」(規定在日本少年法的第三條)。

臺灣的官方說法目前沒有像日本一樣明文且正式的定義,因此依照學者們之間的說法,就是意指有偏差行為的少年。

參考資料

- 超宏〈非行少年的犯罪學理論〉,「國試論壇」網站
- 岡本茂樹《教出殺人犯 I:你以為的反省,只會讓人變得更壞》(黃紘君 譯),遠流出版
- 宮口幸治《接住孩子的求救訊號:同理臨界智能孩童的生存難處》(周奕君 譯),世茂出版

17 來自西方的日本味

選文出題／蔡思怡

　　可樂餅有著「三大洋食」的稱號，其他兩者是日式咖哩飯和日式豬排飯。我記得可樂餅剛進入臺灣的時候，還有著日式可樂餅的抬頭。從我研究日本料理的過程來看，只要加了「日式」兩個字，就＿＿＿＿＿＿＿＿＿＿。

　　明治維新不僅是技術和工業上的革新，還是飲食文化上的改變。由於西餐當中大量使用乳製品、奶油和雞蛋。日本人用兩條路加以理解西方的食物，一種是完全的學習，在日本複製西方料理；另外一種則是用西方的原料，做出只有日本才有的洋食。

　　可樂餅中的重要關鍵就是馬鈴薯，日本人本來以米食為主。馬鈴薯隨著西洋料理引進日本，產量逐漸增加，到大正時代初年，就已經超過一百八十萬噸。大正八年的米價高漲，政府也加強推廣馬鈴薯，思考什麼樣的料理可以加馬鈴薯，日式咖哩是其中一個，可樂餅則因為馬鈴薯的盛產，成為庶民料理。

　　除此之外，日本人在整軍的過程發現士兵很容易罹患「腳氣病」。軍醫高木兼寬發現，日本人喜歡吃精米，而且不喜歡攝取紅肉，造成體內缺乏維生素。馬鈴薯具有豐富的維生素 B1，可以預防腳氣病。昭和二年在東銀座的「CYOUSHI 屋」首先販賣可樂餅，用肉店賣剩的豬油炸可樂餅，香氣四溢，酥脆的外皮一吃下去，柔軟溫暖的內餡，後來成為國民美食。

　　由於可樂餅成為庶民的美食，日本的餐廳、漢堡店、便利商店到路邊攤都有可樂餅，甚至成立協會，確認可樂餅的劃分標準。「日本可樂餅協會」在二〇一二年成立，宗旨是「用可樂餅向世界的餐桌展現歡笑的幸福革命」，傳播可樂餅的文化。那一個好吃的可樂餅要有哪些條件呢？有六個標準來評判，分別是「味、衣、色、具、香、全」，每一種評判標準又有不同的細項，「味」則是依序從清淡到厚重分成六個層級；「衣」是指油炸後的外衣，從軟呼呼到酥脆也是分為六種；「色」則是外表呈

現的顏色，由於油炸的時間、油溫的差異和不同種類的油都會讓色澤不同，分為淺黃、金黃、棕色和深色四種。

「具」在日文中指的是原料，如果在可樂餅的評判標準就是餡料，分為五個層級，數字越小餡料越少；「香」分為三種，從清淡到濃郁；「全」則是整體的感覺，餡料的柔軟或酥脆，搭配上奶油是否對味，是一個整體的感覺，分為大、中、小三種表現力。

客觀的六個標準，我們在形容的時候可以具體的說清淡的味道、軟呼呼的口感、淺黃色的色澤、餡料剛好、香氣濃郁，整體來說中規中矩。透過協會的認證，還有具體的分級，每年選出可樂餅的名店。

（節錄自：胡川安《餃子與味噌》p.21-27，時報出版）

挑戰閱讀王

1. 根據前後文意脈絡，下列何者最適合填入本文第一段畫線處空位？
   （A）勢必是日本大眾的最愛
   （B）一定是日本傳統的料理
   （C）不會是日本原來的東西
   （D）多半是日本代表的飲食

2. 下列何者與馬鈴薯在日本大量傳播的關係最遠？
   （A）明治維新時的刻意引進
   （B）大正八年時，米價高漲
   （C）日式咖哩與可樂餅盛行
   （D）馬鈴薯可以預防腳氣病

3. 日本的飲食文化受到西方很大的影響，根據本文對日人理解西方食物的定義，下列何者並非來自西方的日本味？
   （A）餃子
   （B）和牛
   （C）蛋包飯
   （D）漢堡排

答案：1.（C）2.（A）3.（A）

關鍵向度短文

　　閱讀本文時，越看，肚子就越餓，尤其文中提及「日本可樂餅協會」藉由六個標準來評判可樂餅美味的程度，實在讓人口水直流。

　　在書寫飲食文學時，摹寫是很重要的技巧，請你運用本文評判可樂餅六個標準的細項（整理如下），自行擇定一項料理，例如牛排、米糕、佛跳牆……寫出一篇讓人看了會食指大動的短文：「清淡／厚重」、「軟呼呼／酥脆」、「色澤」、「原料」、「濃郁」、「整體」。

延伸知識

洋食

「洋食」一詞曾出現在明治時代的資料上，但當時多用作西式料理的同義詞，直到明治後期以後，對此一詞的認知才漸漸轉為「日西合併料理」，現在指的是經過日本本土化後的西餐，即日式西餐。

明治維新對日本飲食文化的影響

明治初期，因國策的政治意圖，日本政府積極推動飲食生活西化。首先，因為需要與西方各國外交，於明治 6 年（1873 年）採用法式料理作為官方料理。此外，作為富國強兵的一環，政府不斷摸索提升國民體能的營養飲食方式，最終甚至解禁了長期以來一直忌諱的肉食：牛肉。

隨著食用牛肉解禁，各地開始紛紛出現西餐廳，但此時期的西式料理是僅限財政界、富裕人士等階層人士才能享用的料理，且這個時代對於西式料理的主食肉食仍有所抗拒。到了明治中期，西式料理開始從部分階層的大餐轉型為日常飲食，其背景有著將西式料理竭力改良為適合日本人口味的廚師們的努力。銀座煉瓦亭的「炸豬排」等就是其中一例，他們開發出搭配高麗菜絲，與白飯一同享用的形式。

明治中期至後期，廚師們開始設計「日西合併料理」（如今的「洋食」的原型），以代替正統西式料理。此階段的試誤法與心思造就了大正時代之後誕生的「炸豬排」、「蛋包飯」等「洋食」。

參考資料

- 「Plenus 米食文化研究所」網站〈洋食發展沿革〉
- 川島真〈日本的年號制度及其歷史背景〉，nippon.com 日本網
- 「樂吃購！日本」網站〈「令和」年號怎麼來？關於「日本年號」知識總整理！〉
- 一青妙《日本媽媽的臺菜物語》，聯經出版
- 秋山十三子、大村重子、平山千鶴《京都家滋味：春夏廚房歲時記》（許邦妮 譯），有鹿文化出版

18 吉古拉：色香味意形兼具

選文出題／施錦瑢

　　「吉古拉」特殊的名稱為日語發音，更多人熟知的樣貌與名稱為「竹輪」。基隆手工現做的吉古拉不但可以見到完整製作流程，同時還可感受炭火高溫與魚漿氣味在溫度及時間持續變化的微妙差異。一般分為厚、薄兩種，在風味與口感上各具特色，常見於湯品或小菜，近年還有以麵包西點展現另類風貌。

　　因為類似竹節中空、表面略有疙瘩皺褶其深淺不一的褐色花紋，而被以「竹輪」表示，但在主要接觸、製作並且多有普遍食用的基隆，反倒習慣以「吉古拉」稱之。一來親切，二來似乎能直接從那稱呼，連結到味蕾與記憶中的一抹鮮香──那多是山城海港，或是故鄉的滋味。

　　類似的商品或許在這火鍋食用頻率相當高，不乏出現在鍋燒麵、什錦炒麵或燴飯等多有豐富配料的吃食中。市售商品主要以長度約莫四或十五公分上下的形式為主，本體為白色但表面具有褐黃色相間紋路，但不論大小，其厚度皆為約莫零點五公分。而基隆特產的「吉古拉」，僅有零點二到零點三公分的厚度，同時長度超過二十公分，兩端亦無完整切邊。

　　通常被擺放在櫥窗中的吉古拉，多是整條完整的外觀，點餐後經滾水短暫汆燙，再斜切為段狀或片狀，或者事先切好，搭配其他配料，滾煮食海鮮什錦、炒製咖哩烏龍或燴飯等料理使用。

　　不論在傳統市場和麵攤小販上販售的吉古拉，多為已充分烤熟的商品，並依狀況以常溫、冷藏或冷凍販售，理論上可以直接食用，但為確保衛生無虞，以及利用溫度軟化質地與釋放香氣，所以仍需以水汆燙、炊蒸或快炒。

其對應的常見料理,例如秋冬低溫季節經常品嚐的火鍋,或是基隆別具特色的米苔目、大腸圈乃至用料豐富的什錦炒麵、咖哩炒麵與燴飯等,也都可見到吉古拉搭配其間。甚者切上一、兩條的吉古拉,蘸以基隆辣醬享用;不然則是吩咐小攤煮上一碗吉古拉湯,配上乾麵或滷肉飯。不消過多花費,絕對能痛快過癮。

吉古拉的製作相當有趣,只要看過完整製程,便能充分理解吉古拉的形狀、顏色、質地與用料取材,讓品嚐更顯踏實有感。店家會依據祖傳配方,分別取材鯊魚或旗魚,或將兩者以特定比例相混調勻的魚漿中,加入適當的粉料及調味,隨後塗抹於中空的鋼管表面烘烤。厚薄關乎著烘烤的時間與最終呈現的樣貌和口感。

相對於工廠大量製作的商品,手工吉古拉的外形既長且薄,特色正是那份魚漿經烘烤後呈現的焦脆與愈嚼愈顯滋味的真材實料,當然也包括以炭火烤製的同時,在表面隨時間累積與不斷翻滾所添著深淺不一的褐色。而從那色澤、手痕與中空管狀特徵,以及早期多使用竹子做為塗抹魚漿的附著支撐,便可以了解其日文中「竹輪」之稱的由來。

吉古拉近年受報導而成為足以代表基隆的特色風味之一,其人氣興旺絲毫不輸諸如手工甜不辣、營養三明治、泡泡冰、咖哩飯與鮮魚湯,成為造訪基隆必吃美味。

(節錄自:黃之暘《怪奇海產店Ⅱ:吃不過癮 那就續攤》P.231-235,遠流出版)

挑戰閱讀王

1. 如果你是一名食品研究員,正在比較市場上販售的不同厚度吉古拉的口感特性。根據文章,下列哪項敘述最正確?

(A) 較厚的吉古拉因為烘烤時間較長,外層較酥脆但內部較為 Q 彈

(B) 較薄的吉古拉因為受熱均勻,能呈現較一致的酥脆口感

(C) 吉古拉的口感主要由魚漿的種類決定,與厚度和烘烤時間無關

(D) 吉古拉的厚度影響外觀與重量,但對於口感影響極小

2. 家人們希望以健康飲食為原則，選擇最適合的吉古拉產品，應考量哪項因素？
   (A) 選擇低鈉版本，減少鹽分攝取，降低健康風險
   (B) 優先購買冷藏吉古拉，因為冷凍版本可能影響口感與營養價值
   (C) 選擇經過標準食品檢驗的產品，確保品質與安全性
   (D) 吉古拉富含蛋白質，因此可作為主要蛋白質來源，無需額外補充

3. 學校舉辦「世界美食交流日」，同學們分別準備臺灣、日本和韓國的特色食品。胖虎負責介紹吉古拉，他的朋友則準備竹輪，韓國朋友帶來韓國魚板（어묵）。請問哪項最符合這三種食物的特點？
   (A) 吉古拉、竹輪和韓國魚板皆由魚漿製成，但吉古拉較薄且用炭烤，竹輪較厚且口感較紮實，韓國魚板通常切片後用於湯料理
   (B) 竹輪與韓國魚板口感相似，適合烤或煎，而吉古拉則因含水量較高，較少用於熱料理
   (C) 三者的製作方式完全相同，唯一的差別在於食材選擇與名稱
   (D) 吉古拉與竹輪的主要原料不同，而韓國魚板則與魚漿無關，主要以豆類或麵粉製成

4. 以下是吉古拉的手工製作流程說明：
   ① 烘烤成型，表面呈現焦脆色澤
   ② 將魚漿塗抹於中空鋼管表面
   ③ 攪拌魚漿，混入適量粉料與調味料
   ④ 取出鋼管，切割成適當長度
   但前述部分步驟順序錯誤，請選擇看看哪個最符合實際製程的正確順序？

（A）①→②→③→④（先烘烤再塑形，確保魚漿均勻受熱）

（B）③→②→①→④（先調製魚漿，再塑形烘烤，最後切割）

（C）②→③→①→④（先塑形再調製魚漿，影響黏稠度）

（D）④→①→②→③（先切割再烘烤，影響成型效果）

答案：1.（B）2.（A）3.（A）4.（B）

關鍵向度短文

題目：如果吉古拉會說話……

情境說明：想像吉古拉是一位來自基隆的「美食大使」，它會說話，並向你介紹自己的歷史、製作過程、特色，以及它最喜歡的料理方式。請用「第一人稱（吉古拉的視角）」寫一篇有趣的短文，讓讀者更了解它！可參考的寫作方向有：吉古拉如何向你介紹自己？它會爆料哪些「美食界的祕密」？它最希望被怎麼吃？

延伸知識

竹輪（ちくわ，音 chikuwa）

日本傳統魚漿製品，起源自日本江戶時代，因為形狀像「竹子切段」而得名。這種食物最早可追溯至日本江戶時代，當時是貴族或武士才吃得到的美食。其製作方式是將魚漿攪拌均勻後，塗抹在竹棍或金屬棒上，再進行燒烤或蒸煮，形成中空圓筒狀。可直接吃、煮火鍋、炒菜，或夾入黃瓜、起司等當作小吃。

參考資料

- YouTube 頻道「臺灣1001個故事」影片《基隆必吃 炭烤吉古拉 防護面罩奮戰炭火 part3》
- 「大享食育協會」網站〈炭烤 80 年的香脆海港味——吉古拉〉
- 黃之暘《怪奇海產店：海島子民的海味新指南》，遠流出版
- 〈你我都吃過，但只有基隆人聽過的「吉古拉」〉，《自由時報》自由評論網
- 袁彬的美食旅遊筆記〈現吃更對味！正濱漁港限量「吉古拉」口感厚實不死板，手工現烤嘗得到迷人炭香〉，「食尚玩家」網站

19 彰化肉圓的祕境

選文出題／吳昌諭

　　烈火張出一層薄薄的力道，刷一聲，在脣齒間瓦解，瞬間湧起無比的溫柔。我從不知道「北門口」肉圓的皮吃來是如此酥脆，又如此軟綿。

　　小時候雖也耳聞過「北門口肉圓」，但幾乎沒有吃過。如今站在攤前的是下一代老闆，專注看著手裡的叉子不停叉起從澎湃熱油裡翻轉而上的肉圓，人聲依舊鼎沸，那堅挺無比的肉圓得溫柔而迅速的對待，才能在客人的嘴裡展現越脆越軟，越柔越酥的口感——臣服在此種對比張力達到極限的魅力，剎那間，我明白，老闆是一張怎樣的臉，無關緊要。重要的是那一粒肉圓。

　　臺灣各地皆有肉圓，大部分都言其粉皮由在來米漿加番薯粉製成，環顧彰化市周遭的城鎮，那些傳承近百年或百年以上的肉圓老擔更常如此標榜。早期雖有以番薯粉做肉圓的傳說，但番薯粉團吃來嚼勁十足，冷掉還會陷進讓人咬不動的困境，於是加粥、加米漿吃起來柔軟許多的肉圓，便在老店的傳承中出現。不過，彰化市的肉圓擔卻反其道而行，都盡可能只強調番薯粉一味。

　　以前番薯粉「品質不佳，加工後肉圓皮吃起來口感不佳，會有太韌的感覺」。隨著番薯粉品質的改進，彰化各家肉圓擔已克服昔日番薯粉的極限，找到了讓它的彈性得到充分發揮的各種可能性。這麼多年以來，雖不知誰率先揚棄米漿，將彰化市人帶進「只愛咬起來彈力十足的肉圓」的圈套裡，但各家肉圓在材料或許相同的限制下，仍努力於柔軟與堅脆之間創造不同咬勁的肉圓。

　　我一直認為彰化肉圓的特色，在於它的皮獨尊番薯粉後所展現的彈性。一九八〇年，《野外雜誌》的報導，卻稱彰化市的肉圓以餡料豐富聞名。確實，彰化肉圓那團扎實的肉餡也令我難忘，店家交相利用豬的後腿部位，以及位於豬的前腿靠近肩胛的胛心肉——前者油脂較少，取其可以撕成絲狀成為肉絲；後者油脂適中，則成為入

口軟柔的肉角。完美的肉餡組合常伴有新鮮筍丁或香氣襲人的香菇。豐盛者當然還有鴨蛋、鹹蛋黃或者聞名的北海道干貝等。

　　肉圓蒸好了，油鍋裡走了一回，但不代表它就可以上桌，少了醬料的肉圓，基本上稱不上是肉圓。肉圓的醬料大致有甜醬、鹹醬、蒜泥和辣椒醬，後兩者隨意，甜鹹兩醬則幾乎缺一不可，因此店家大多有特調祕方。甜醬常以糯米磨漿，也有用麵粉或在來米粉，加糖，加花生粉或芝麻粉等調成，鹹醬則以醬油為主，輔以高湯或特殊香料等製成。

　　如果說肉圓的皮是一粒肉圓的靈魂所在，那餡和淋醬則是它的骨肉，三者俱存才能成就一顆完整的肉圓。

（節錄自：陳淑華《彰化小食記》p.31-40，遠流出版）

挑 戰 閱 讀 王

1. 如果你想體驗作者所描述的「越脆越軟，越柔越酥」的口感魅力，應該怎麼選擇吃肉圓的方式？
   （A）剛蒸好的直接吃最好
   （B）趁剛炸好時趁熱咬下
   （C）沾著滾燙熱油吃更棒
   （D）等冷掉再吃更有嚼勁

2. 依據本文內容，關於彰化肉圓製作的演變，下列敘述何者最恰當？
   （A）傳承傳統風味，堅持用在來米漿加上番薯粉
   （B）因受到顧客喜好影響，只用番薯粉作為材料
   （C）隨著技術進步，克服了材料限制而創新製法

（D）為了改善口感，採取其他食材取代外皮作法

3. 根據本文，下列何者最符合本文作者對彰化肉圓美味的看法？

（A）肉圓的價值主要在於外皮的咬勁
（B）肉圓的餡料豐盛與否決定了美味
（C）沒有淋醬的肉圓也別具特色風味
（D）三者口感的配合才是好吃的關鍵

4. 如果你要向一位外國朋友介紹彰化肉圓的特色，根據文本，下列說法何者最為適切？

（A）彰化肉圓具有彈性咬勁的外皮，搭配豐富餡料和醬料
（B）彰化肉圓最大的特色，在其肉餡結合豐富的配料著稱
（C）彰化肉圓美味的關鍵在於其油炸手法，使其外酥內軟
（D）彰化肉圓與其他地區相比，獨特之處在醬料調配方式

5. 你參加少年廚神大賽，想要製作出道地的彰化肉圓。請根據本文所述，寫出製作彰化肉圓所需用到的材料（請各項目至少寫出兩項食材）。

外皮：＿＿＿＿＿＿＿＿＿＿＿＿＿＿＿、＿＿＿＿＿＿＿＿＿＿＿＿＿＿＿
餡料：＿＿＿＿＿＿＿＿＿＿＿＿＿＿＿、＿＿＿＿＿＿＿＿＿＿＿＿＿＿＿
淋醬：＿＿＿＿＿＿＿＿＿＿＿＿＿＿＿、＿＿＿＿＿＿＿＿＿＿＿＿＿＿＿

答案：1.(B) 2.(C) 3.(D) 4.(A) 5.外皮：番薯粉、在來米粉、太白粉；餡料：豬腿肉丁、新鮮筍丁、香菇、鵪鶉蛋、蝦米等；淋醬：醬油膏、糯米漿、麵粉、在來米粉、糖、花生粉、冬蔭醬、蒜泥、香菜、菜脯、辣椒

關鍵向度短文

臺灣的美食、小吃種類豐富，舉世聞名。從夜市的鹽酥雞、蚵仔煎，到早餐店的燒餅油條、豆漿，都充滿了在地特色與人情味。這些小吃不僅是臺灣人生活中的一部分，還承載著在地的飲食文化與情感。

請你選一道「臺灣小吃」，如果要向外國朋友推薦，你會怎麼形容它的美味之處？可以運用以下幾個面向為起點，說明它的特色、口感、製作方式，或是談談它對你的意義，讓我們聽聽你與這道食物的故事：「五感描寫」、「製作方式」、「小吃由來」、「記憶情感」。

延伸知識

番薯粉

又叫做地瓜粉,主要採用地瓜澱粉製成。分成粗細兩種,適合當成油炸粉料理用,也能用來勾芡。

胛心肉

指豬肉前胸下半部到前腿之間的部位。運動量大,油花細緻,口感軟嫩適中,適合用於絞肉做成肉餡。

參考資料

- 舒國治《台北小吃札記》,皇冠出版
- 張曼娟《黃魚聽雷》,皇冠出版
- 鄭順聰《台味飄撇:食好料的所在》,遠流出版
- 翁佳音、曹銘宗《吃的台灣史:荷蘭傳教士的麵包、清人的鮭魚罐頭、日治的牛肉吃法,尋找台灣的飲食文化史》,貓頭鷹出版

20 朝聖者

選文出題／黃淑卿

　　川藏公路南線在此境內迤邐了百餘公里，區間年雨量約四千毫米，加諸險縱的地形陡勢，便時常造成土石公路崩塌連連，「黑道」之名自是不脛而走。儘管這裡尚有幾縷人煙，但毒蛇猛虎野豬潑猴卻也同時環伺蟄伏其中，使得外人總對雅魯藏布江大峽谷地帶世居的民族，籠罩著許多詭譎幻奇的想像。

　　隱約中，前方突然出現兩個人身起落的背影，撐起你疲憊的瞳孔。你急忙煞住了車，摘下太陽眼鏡，立馬舉起相機鏡頭，對準，手卻顫抖著，還來不及壓下快門的瞬間，那緩慢有序的動作就溢出了鏡頭框外。於是你又重新踩上踏板，謹慎的從那兩人身旁接連經過，儘量讓車胎滑地時揚起的灰塵減到最少。但過不了百米，你又忍不住好奇，再次停下車，轉過身來凝望她們。

　　她們的動作三步一個循環，唇裡喃喃誦著六字真言（原文註），無有間息。嗡嘛呢叭咪吽。一個步伐，雙掌拍擊出清脆的響聲，然後靜定合十；第二個步伐，朝天高舉的雙手像蓮花般，分別頓落在眉間（意），口（語），和胸前（心）；第三步邁出，她們躬著的上身微微前傾，膝蓋著地，上體前撲，臉面朝下，額頭碰地。最後雙臂緊靠在髮鬢兩側，如孔雀開屏的向外劃開一道弧線，收攏到腰際間，她們撐起身體重心，重新再站立起來。揚起一些卑微的塵埃，與無盡的尊嚴。

　　穿著絳紅袈裟的女孩在離你一尺的面前爬起身，拍拍上衣的泥塵，你聞到一股細沙的刺鼻味。她發出藏式口音的漢語主動對你問好，你也謙畏用一句熟練的話回應她，扎西德勒（表示「吉祥如意」的意思）。之後，你們便搔著頭傻笑了，似乎不知道該跟對方再多聊些什麼。

朝聖者

　　女孩膚色黝黑，頭髮剌短短的，圓滾滾的眼睛，有一口白淨亮整的牙齒。她雙手套在木製的掌板，胸前裹著一襲及地的橡皮圍墊，腳下踩著薄底黑膠鞋。你特別注意到她額上一朵浮腫皮破的繭，她以為你在盯著她冒湧細汗的臉，趕忙就羞赧的脫下右手那只護板，夾在左腋，用衣袖拭去兩頰上汗水沖出的黯灰溝痕。

　　她接著細聲問你：「吃飯嗎？」你搖搖頭。「吃飯，好？我們（她指自己，你，和後方一位仍在磕頭的女人〔選註〕）。」並示意你先到前方火煙升起處去等待。她說她的媽媽在那裡準備午餐。而你只是逕自緊跟在她們身後，一手推著單車，一手持著相機捕捉她們用身體丈量天地的畫面。

　　你知道她們就是所謂磕等身長頭的朝聖者。過去的路途上，你也遇過幾次朝聖者，只是你從未遇見過一行都是女人，你也從未遇見過那每個步伐都踏得如此準確誠實的凡人。

※ 原文註：嗡嘛呢叭咪吽——六道輪迴。指天，人，阿修羅，地獄，惡鬼，牲畜。眾生因循善惡，周而復始於六道的生死輪轉中。西藏人相信，人若藉此不斷地吟誦，死後就不會誤入地獄和牲畜的邪道。
※ 選註：此處的另一磕頭女人是小女孩的姑姑，她們一行共三位女性。

（節錄自：謝旺霖《轉山》P.224-226，時報出版）

挑 戰 閱 讀 王

1. 從作者在公路上「初遇朝聖者」，到凝望觀察她們朝拜的動作，作者的心理隨著觀察的過程而有不同的感受，請問他心路歷程有何變化？

　　（A）驚訝→尊敬→好奇→感動

　　（B）感動→驚訝→尊敬→好奇

　　（C）好奇→驚訝→感動→尊敬

　　（D）尊敬→好奇→感動→驚訝

125

2. 文章中描述朝聖者的動作「揚起一些卑微的塵埃，與無盡的尊嚴」，這句話的意涵為何？

（A）朝聖者的朝拜揚起塵土，讓「黑道」名副其實
（B）朝聖的行為是無知行為，如塵埃一樣微不足道
（C）塵埃象徵著人的渺小，而無盡則指朝聖之路漫長
（D）朝聖者雖如塵埃般卑微，但擁有崇高的精神信仰

3. 文中描寫女孩「額上一朵浮腫皮破的繭」，這可能代表什麼？

（A）她長時間以磕長頭的方式行進
（B）她因為氣候乾燥而產生皮膚病
（C）她在旅途中曾經摔倒受傷留疤
（D）這是藏族人獨有的傳統裝飾紋

4. 文中的小女孩示意作者先到前方等候用餐，為何作者沒有如此做，反而只是跟在身後？

（A）作者擔心提前到會打擾小女孩母親準備的進度
（B）作者對小女孩姑姪的虔誠行為充滿敬意與好奇
（C）從後方能獲得更好的拍攝角度，可以拍出佳作
（D）作者不熟悉當地語言，不知該如何和她們溝通

答案：1.(A) 2.(D) 3.(A) 4.(B)

關鍵向度短文

　　在這篇文章中，不管是川藏公路的險峻、朝聖者的磕等頭身動作、小女孩的樣貌，作者描寫細膩，栩栩如生。只要你仔細觀察，即使是平凡的生活，也可以如同一首美麗的詩。現在請你以「下課十分鐘」為題，以白描的手法透過五個面向仔細描述你的所見所聞：「校園裡」、「同學們」、「我看到」、「我聽到」、「我感覺」。

延伸知識

川藏公路

川藏公路是中國連接四川省和西藏自治區的一條重要交通幹線，全長約 2,413 公里，平均海拔多處路段超過 4,000 公尺，風景優美，但地形險峻，路況較為艱難。

轉山

西藏朝聖者特有的行為，藏傳佛教的教徒們繞著神山「岡仁布欽」轉山，相傳轉山一圈能洗清一生罪孽，因此沿途總見朝聖者絡繹不絕。他們三跪九叩翻越雪山，以數週的時間摩頂禮拜，表達內心對神明的崇敬。它是藏傳佛教朝聖的一部分，但並不等同於朝聖活動。

雅魯藏布江

是中國西藏地區的一條主要河流，也是印度和孟加拉的重要水源之一。它在藏語中被稱為「Yarlung Tsangpo」，而在印度和孟加拉則稱為「Brahmaputra」。雅魯藏布江源於藏南的那曲地區，流經西藏南部，並穿過印度阿薩姆邦，再進入孟加拉灣。雅魯藏布江擁有世界上最深的大峽谷之一，位於西藏東南部。這個區域被稱為「雅魯藏布江大峽谷」，其中某些地方的深度超過 5000 米，是地球上最壯觀且險峻的自然景觀之一。

磕等身長頭

藏傳佛教盛行地區的一種虔誠拜佛儀式，又叫「磕長頭」，五體投地匍匐，雙手向前直伸。每伏身一次，以手劃地為號，起身後前行到記號處再匍匐，如此周而復始。無數西藏佛教徒不辭辛苦，長途跋涉，

從家鄉磕長頭到拉薩朝聖，目的是到大昭寺朝拜釋迦牟尼佛的 12 歲等身像。在西藏，一生能朝拜一次大昭寺，是所有信徒莫大的榮耀和夢想。倘若不幸死在途中，同伴便會取下死者的牙齒，肩負死者未竟的願望，一直將它帶至大昭寺，然後將牙齒放置在寺內的木壁或木柱內。如此幫死者達到目的，了卻心願。

參考資料

- 出谷司馬〈【走進大西南】藏人與轉山儀式〉，人間福報新聞網
- 傑森《我的快樂天堂 - 香格里拉：一場找到真實自我的西藏心靈之旅》，華夏出版
- 劉在武、李君偉《45% 的天堂：一趟探索人生價值的大旅行，在深冬的青藏高原找到再出發的勇氣》，時報出版
- 邱常梵《聽見西藏》，法鼓文化出版

給力推薦

　　在知識瞬息萬變的 AI 時代，語文素養早已不只是背誦標準答案的能力，而是一種活用於日常的思辨力與生存力。閱讀，從來不只是校園或課室裡的功課，它是一張通往世界的通行證，用來理解他人、認識自我的方式。

　　《國語文閱讀素養》由五位長年深耕教學現場的國中國文教師共同編寫，結合多元文本與閱讀策略，引導學生將所讀延伸至生活情境。書中設計了「挑戰閱讀王」、「延伸知識」等單元，幫助讀者聚焦觀點、練習判讀、學會提問與思辨，真正感受到素養所帶來的改變力量。

　　閱讀是認識自己的一面鏡子，也是與世界對話的起點。這是一本將語文根基轉化為生活力與表達力的實用之書：從連續性文本的深度理解，到非連續性文本的圖文解碼，搭起從閱讀到思考、從思考到表達的橋梁。它也是為新世代量身打造的閱讀素養書，誠摯推薦給每一位相信閱讀價值的朋友們。

—— 宋怡慧｜新北市立丹鳳高中圖書館主任

　　這套書的內容收錄各家出版社及各類型作家的大作，內容涵蓋生活、知識、教育、情緒、古今等有意義與價值的豐富文本，更邀請任教於國中國文科的五位教師群，藉由解析、題意測驗來養成素養，讓孩子加深加廣對閱讀的主題，就能協助孩子在閱讀檢測從敗局中再站起來。

　　其實連我這樣一個作家，翻開這套書時，眼睛都亮了，這才明白為什麼閱讀素養需要有專業的老師帶領學習。孩子有了《國語文閱讀素養》這套書，肯定能打造屬於自己既深且廣的閱讀理解力。

現在，我以這套書實際運用在我所帶領的學團孩子身上，讓他們利用課堂最後三分鐘「限時閱讀」，做完即刻作題，慢慢養成閱讀素養的慣性。因此，不管是面臨會考的學生還是帶領孩子閱讀的老師，閱讀力的培養就從《國語文閱讀素養》套書輕鬆入門，養成簡單。

—— **李儀婷**｜薩提爾親子教養專家

現今的學生、父母和老師，面對「閱讀素養」，大多知道是通往未來世界的核心能力，卻不完全了解該如何培養及協助學生增進閱讀力。

很高興看到五位來自臺灣各地中學語文老師透過多元選文，經由文本的引導與練習，培養閱讀素養與思辨能力，出版了這套《國語文閱讀素養》。上下兩冊分別選擇連續性文本及非連續文本，跨越科學、議題、文學、藝術……。從文本閱讀到閱讀後的試題挑戰，搭配短文表達練習，更貼心的提供延伸知識和參考資料，無論自學或是共讀應用，都是非常好的素材。想要提升閱讀力，這套書值得擁有，推薦給您！

—— **邢小萍**｜臺北市古亭國小校長

《國語文閱讀素養》是為青少年量身打造的閱讀寶藏！這套書分為上下兩冊，一冊專注「連續性文本」，如故事、散文，帶你沉浸在文字的情感與邏輯；另一冊聚焦「非連續性文本」，如圖表、廣告，教你迅速解讀生活中的資訊密碼。

這種分類靈感源自國際學生能力評估計劃（PISA），其閱讀框架將文本分為連續性文本（像新聞、小說，強調脈絡理解）與非連續性文本（像清單、地圖，注重資訊提取）。PISA 自 2000 年起用這一方式評估全球 15 歲學生的閱讀能力，模擬真實情境，也影響了臺灣 108 課綱的閱讀課程設計，讓學生全面鍛鍊多元閱讀能力。

本書由深耕國中閱讀教育多年的教師精心選文，涵蓋自我成長、科技、公民意識等多元主題，從實用知識到哲學思考、從古文到今文，內容豐富不單調。書中「挑戰閱讀王」測驗與「關鍵向度」練習，有如闖關任務，引導讀者將閱讀與生活

連結;「延伸知識」則像知識探險地圖,開拓你的視野。無論是細品文字的溫暖,還是破解數據的奧祕,這套書都能讓你讀得開心、想得透徹。

《國語文閱讀素養》不只助你迎接閱讀測驗的挑戰,更讓你愛上探索世界的樂趣,成為理解自我與社會的閱讀達人!快來翻開,開啟你的閱讀冒險吧!

—— 林玫伶｜清華大學客座助理教授

我在教育現場致力閱讀教育數十載,始終難忘約翰・洛克(John Locke)名言:「好書對青少年的成長乃至一生,都會產生深遠的影響。閱讀只是給頭腦提供認識的材料;思考才使閱讀的東西成為自己的。」所謂「學而不思則罔,思而不學則殆」,說的正是這個道理。知識不囿於記誦,更高的閱讀層次是「以心印心」,融會貫通,胸中自有丘壑,方能與古今作者互搏或共鳴。

當代青少年閱聽模式常流於破碎化或淺碟化,喜見《國語文閱讀素養》精選各類文本,更透過素養導向的題組設計,引導學生思索,如此便搭起了學習鷹架,循序漸進,自學教學兩相宜,本套書堪稱學思合一法門的寶典,期待讀者們能就此書拾級而上,達到杜甫的「會當凌絕頂,一覽眾山小」的絕妙境界。

—— 柯淑惠｜臺北市木柵國中校長

當孩子說「國文很難」、「看不懂文章」、「不曉得怎麼寫答案」時,我總是既心疼又無奈。語文學習之所以困難,往往不是孩子不努力,而是缺乏引導——缺乏一套能兼顧理解力、表達力與思辨力的閱讀工具。語文,不該只是為了考試而讀,更應是幫助孩子理解世界、傾聽他人、表達自我的橋梁。

遠流這套《國語文閱讀素養》正是為此而生。全書由第一線國中國文老師群合力編寫,分為連續性與非連續性文本兩冊,每冊精選 20 篇來自不同出版社與作家的優質作品,題材多元、視角豐富,貼近青少年的學習與生活經驗。搭配素養導向的題型設計、文本解析、短文書寫練習與延伸思考,讓孩子不只是「讀得懂」,更能「說得清、寫得出」。

這不是一本制式的教輔書,而是一套真正能引導孩子愛上語文、看見思考力

的教材。願這套《國語文閱讀素養》，成為孩子學習路上一盞溫暖且實用的閱讀燈光。

——**陳怡嘉**｜國文教師、作家、講師

這兩本《國語文閱讀素養》，好看！它有趣到讓人不知不覺一篇接著一篇讀下去。為什麼？因為每篇文章的設計節奏抓得剛剛好：一開始是引人入勝的選文，接著立刻進入「挑戰閱讀王」——幾道不難的小題目，不但可以自我檢查讀懂多少，還會引導我們回頭重看文本，重新體會文字的味道。

然後是我最喜歡的「關鍵向度短文」，它就像一道有鷹架的開放式問題，帶著我們把閱讀內容連結到自己的生活。最後還貼心附上「延伸知識」與「參考資料」，讓學習自然延伸，越讀越有感。

更漂亮的是——這些文章不是各自獨立的，而是有「主題設計」的！像是第一部就以「自我精進與規劃創新」為主題，搭配多篇不同類型的文章（有白話文，也有文言文）。的確，想掌握一個重要概念，光看一篇文章是不夠的，要看一組文本才行！

這套書非常適合10歲以上的孩子閱讀，也很適合國小、國中，甚至高中職的老師教學使用。其實，就算不是老師，只要你對語文、對思考有興趣，這本書也非常值得一讀——因為它不只是教語文，更是教思考、教表達、教生活！

——**陳欣希**｜臺灣讀寫教學研究學會創會理事長

就中小學生而言，一本好書要教知識，也教學習。書籍內容頂多只是「他人的」資料，唯有經過理解、思辨、運用，才能轉化為「自己的」知識。而「學習」，就是學會「理解、思辨、運用」的觀念及方法，以此能力吸收知識。

本書的高明處即在於融會「教知識」及「教學習」，上冊指引「連續性文本」閱讀策略，下冊則結合「連續性文本」和「非連續性文本」，培養「混合文本」閱讀技巧。精熟本書，還能將AI給的「資料」轉化為「知識」。酷吧！

——**黃春木**｜臺北市立建國高中歷史科教師

在 AI 奔流的時代，閱讀與思辨是孩子探索世界的重要能力。《國語文閱讀素養》套書，上冊就連續文本訓練文意理解，下冊以非連續文本強化圖表解析，從文學性的散文、小說，到生活化的廣告、地圖、說明書，選材新穎豐富，命題多元活潑。我尤其喜歡每回最後「短文寫作」小單元，不僅深化文本內涵，更啟發孩子們的自主思考與寫作力。

當短影音壓縮世界的厚度，《國語文閱讀素養》帶來具體的光源指引，期盼孩子們都能成為「通情達理」的未來新公民。

——**詹佳鑫**｜《學霸作文》作者、國立新竹高中國文科教師

多元、字數多、需思辨，是這幾年臺灣升學考試題目的特色。113年會考國文的字數超過一萬字，社會科也超過九千字。許多學生沒有考好的原因，追根究底是讀不完、讀不懂。因此多元的閱讀在這個時代變得無比重要。

非常高興遠流出版公司邀請全臺灣最強的國語文教師，爬梳近代的文本，精挑細選，編出《國語文閱讀素養》。這套書籍不僅文本多元，而且藉由解析及測驗素養題，引導孩子可以深入了解文本，以及學習觀點的表達。

如果朋友們想要加強學生閱讀及解題的能力，很推薦這一套專業又用心製作的好書。

——**蔡淇華**｜臺中市立惠文高中圖書館主任

現在的語文學習，早已不只是背課文、記詞語，而是為了培養孩子面對未來社會的思辨力與解決力。無論是學校大小考試、PISA 國際測驗，還是國中會考的閱讀試題，都早已朝向「素養題型」的方向轉變。

這套《國語文閱讀素養》雙冊，正是為了這個轉變而設計的。它從連續性與非連續性文本切入，題材貼近生活，題型對接會考，讓孩子在理解文本的同時，練習統整、推論與表達，逐步培養真正能轉化為成績的能力。它不僅僅是應試的工具書，更要讓孩子將閱讀能力活用於生活，解決實際問題。

作為校長、作為媽媽，我清楚知道家長最在乎的是：「學了這些，對考試有

幫助嗎？」我的答案是：除了分數，我們還要給孩子更多，尤其是在孩子未來的閱讀視野與自我信心上！這是一套真正為考試而不失深度、為素養而不脫實用的好書。

——**顏安秀**｜基隆市東光國小校長

生成式 AI 怎麼用最好？碰到霸凌該怎麼辦？EMOJI 又有最新圖案，背後有什麼意義……不斷冒出的時代新知再也沒有萬能大人可以解答了！

增進閱讀素養不只是為了考試學習，而是讓孩子「自行訓練」一位 24 小時全年無休的良師益友，陪伴他們度過人生的考驗與挑戰。

《國語文閱讀素養》是素養學習本，帶領孩子透過閱讀延伸有興趣的事、接觸有點興趣但又陌生的文本、探索視為理所當然從未想過的事，這麼說起來也像是一本類人生指南呢！

——**羅怡君**｜閱讀推廣講師、作家

國家圖書館出版品預行編目 (CIP) 資料

國語文閱讀素養 . 1, 連續性文本閱讀實力大躍進 /
吳昌諭，林季儒，施錦瑢，黃淑卿，蔡思怡編著 .
-- 初版 . -- 臺北市：遠流出版事業股份有限公司，
2025.06
　　　面；　公分
　　ISBN 978-626-418-203-4(平裝)

1.CST: 漢語教學 2.CST: 閱讀指導 3.CST: 小學教學

523.311　　　　　　　　　　　　　114005713

國語文閱讀素養
① 連續性文本閱讀實力大躍進

編著─────吳昌諭、林季儒、施錦瑢、黃淑卿、蔡思怡

主編─────林孜懃
美術設計───王瓊瑤
行銷企劃───鍾曼靈
出版一部總編輯暨總監───王明雪

發行人────王榮文
出版發行───遠流出版事業股份有限公司
地址─────104005 臺北市中山北路一段 11 號 13 樓
客服電話───（02）2571-0297
傳真─────（02）2571-0197
郵撥─────0189456-1
著作權顧問──蕭雄淋律師
ISBN─────978-626-418-203-4

2025 年 6 月 1 日 初版一刷
定價─────新臺幣 360 元
　　　　　（缺頁或破損的書，請寄回更換）
有著作權‧侵害必究 Printed in Taiwan

遠流博識網 http://www.ylib.com
E-mail: ylib@ylib.com
遠流粉絲團 https://www.facebook.com/ylibfans